Sinn und Unsinn

Lektorat: Dr. Werner Seibel
Umschlaggestaltung: Leena Plachetka
Druck: Schaltungsdienst Lange oHG, Berlin
ISBN 978-3-945441-41-1

Sinn und Unsinn

Lektorat: Dr. Werner Seibel
Umschlaggestaltung: Leena Plachetka
Druck: Schaltungsdienst Lange oHG, Berlin
ISBN 978-3-945441-41-1

Sinn und Unsinn

Anthologie

EPLA-Verlag

Inhalt

Die sterbende Alte

von Torsten Krippner

In Benares bin ich oft durch die engen Gassen dieser Märkte gegangen. Nicht um etwas zu kaufen, allein aus Behagen. Wenn ich etwas aß, dann allein, um die Speisen zu kosten. Diese seltsamen Geschmäcke, die mich an nichts erinnerten, mit nichts zu vergleichen waren. Dann die vielen verschiedenen Hautfarben von hellgelb über ocker, dunkelbraun bis schwarz. Dann - die vielen Sprachen und Dialekte vermischten sich zu einem Stimmengewirr. Alle die hundert verschiedenen Dialekte, die in Indien gesprochen werden, schienen sich hier in Benares zu vereinigen. Überall waren die Menschen freundlich, zogen mich zu ihren Ständen, präsentierten stolz ihre Ware, wohlwissend, dass ich nichts kaufen konnte. Denn das konnte ich ihnen unmissverständlich klarmachen, darin hatte ich schon Übung. Aber offensichtlich ging es ihnen gar nicht ums Verkaufen. Sie freuten sich über meine anerkennende Gestik. Benares ist auch für sein ganz besonders feines Kunsthandwerk bekannt: so für die Seidenspinnereien, für den Goldbrokat, die Feinspitzen. Jede Frau in Indien und Sri Lanka würde sich glücklich schätzen, einen Sari aus Benares zu besitzen.

Auch hier waren wieder viele bettelnde Kinder. Aber dieses Mal hatte ich nichts zu geben. Ich spielte mit ihnen, neckte sie. Sie neckten mich und tollten mit mir umher. Sie zerrten an meinen Armen, wollten die weiße Haut nicht nur sehen, sondern auch ertasten. Es war neben dieser kindlichen Neugierde wohl auch ein Verlangen nach Orientierung.

Und durch diese friedliche, liebevolle Stadt zieht sich ein endloses Band der Sterbenden und der Toten. In keiner anderen Stadt der Welt kann der Tod so nah erlebt werden. Wenn ich bedenke, wie nahe Zuneigung und Tod dort miteinander verbunden sind, ergibt sich dadurch für mich die Frage,

ob wahre Liebe nicht vielleicht aus einem tiefen Verstehen des Todes, der Vergänglichkeit erwächst.
Vom Markt führen alle Straßen hinunter zum Ganges. Je näher ich dem Ganges kam, desto häufiger sah ich nun alte Menschen am Straßenrand oder Sterbende oder Tote, die hinunter zum Ufer des Ganges getragen wurden. Die alten Menschen haben eine lange Reise hinter sich, die sie auch oft zu Fuß zurückgelegt haben. Und das, was nach dieser langen Reise an Geld noch übrig geblieben ist, reicht gerade noch, um ein Bündel Holz zu kaufen, auf dem sie sich dann verbrennen lassen. Sie kommen nach Benares, mit der Absicht zu sterben und werden bis dahin mit milden Gaben am Leben erhalten. Ich war oft in diesen Straßen der Sterbenden. Ich setzte mich still und in respektvollem Abstand auf eine Stufe, damit sie es nicht bemerkten, von mir beobachtet zu werden. Einmal wurde ich doch entdeckt: von einer alten Frau, die mir freundlich zuwinkte. Ich empfand es als eine Aufforderung, zu ihr herüberzugehen. Doch es war ein Missverständnis. Ich versuchte ihr klarzumachen, dass ich gerne etwas für sie tun würde, ihr etwas zu essen, zu trinken - oder was immer sie wollte - zu bringen. Aber sie lächelte nur vor sich hin und sagte kein einziges Wort. Am nächsten Tag war sie nicht mehr da. Vielleicht brachte man sie auch schon hinunter zum Ganges-Ufer, um ihr dort mit den paar Rupien, die ich ihr gegeben hatte, ein Bündel Holz zu kaufen. Auf das Bündel würde man sie dann legen, ganz so wie sie war, wie sie gefunden wurde. Dann würde ein kahlköpfiger Brahmane kommen, nur bekleidet bis zur Gürtellinie oder einem Lendenschurz mit einer Brahmane-Kordel, die ihm rechts über der Schulter hängt. Er kippt eine Flasche duftendes Öl über sie und das Holz. Dann entfacht er das Feuer und schiebt mit einer langen Stange die Holzscheite immer wieder in die richtige Lage, damit das Feuer nicht seine Intensität verliert. Dann wird es plötzlich nach verbranntem

Haar riechen und die Haut wird sich vom Fleisch lösen und das Fleisch von den Knochen. Und es wird nur noch Asche übrigbleiben. Diese wird in ein Tuch gewickelt und zum Ganges hinuntergebracht, wo die Asche dem Fluss übergeben wird. Eine Prozedur, die ohne jedes Ritual abläuft.
Im Ganges beobachtete ich riesige Fische. Ich sah Rücken von Fischen auftauchen, deren Größe mich an Delfine erinnerte. Vielleicht werden diese Fische besonders dick und groß, weil sie sich von noch nicht gänzlich verbrannten Fleischfetzen ernähren können.
Ich blieb nicht mehr lange an dem Ufer, wo die Feuer Tag und Nacht brennen. Ich ging zurück in die Stadt. Ich wollte noch einmal in die Gasse, wo ich die alte Frau tags zuvor getroffen hatte. Der Platz, auf dem sie saß, war immer noch leer. Ebenso am Tag darauf. Ich setzte mich noch eine Weile und ließ die Erinnerung an sie an mir vorüberziehen. Diese Art, wie sie mir zugewunken hat und ihr leichtes Erstaunen, dass ich dies als Aufforderung interpretierte. Jetzt erschien mir dieses Winken wie die freundliche Geste einer Königin, die einem armen Kerl eine Gunst erweist. Natürlich kannte sie genau ihren Weg. Vielleicht saß sie auch oft unten am Ufer, sah den Verbrennungen zu, wohlwissend, was mit ihr innerhalb der nächsten Tage geschehen wird. Und doch hatte sie die absolute Gelassenheit, ja sogar Überlegenheit. Etwa wie jemand, der zwar mit Verständnis, aber ohne jegliche Zugehörigkeit auf das Treiben der Welt herabblickt. Und als ich ihr dann die paar Rupien in die Hand drückte, nahm sie diese zwar an, aber ohne eine Geste der Dankbarkeit. Sie akzeptierte das Geld wie eine moralische Pflicht, als hätte es nur noch symbolische Bedeutung. Es war kein Geld, sondern eine Gabe, die sie gnädig annahm und von der sie wusste, dass diese Gabe nicht mehr für sie, sondern nur noch für den Geber eine Bedeutung hatte.
Wenn ich an die kurze Begegnung mit der alten Frau zurück-

denke, dann wird mir bewusst, wie gut mir dies damals getan hat, nach langer Zeit mal wieder etwas zu geben. Aber dieses Glücksgefühl wurde nicht durch die Gabe dieser paar Rupien erzeugt, sondern kam unmittelbar von dieser bettelarmen Frau, die offensichtlich nichts mehr wollte und doch meine Gabe annahm. Vielleicht aus Mitleid, vielleicht ahnte sie, dass ich schon lange niemandem mehr etwas gegeben hatte. Und dass sie nun zum letzten Male in ihrem Leben jemandem einen Gefallen tat.

Unsinn im Kopf
von Renate Düpmann

Unsinn im Kopf
Verlockende Gedanken
Ein leichtes Schwanken
Die Vernunft ruft an
Ich gehe nicht ran.

Mallorquinisches Fest
von Renate Esselborn

Auf dem Dorfplatz diesen Morgen
hartes Klappern, Kastagnetten,
Kinder tanzen hier Bolero.
Ihre kleinen Hände werfen
Arabesken in die Luft.

Später kommen die Piraten,
Schüsse fallen und verwundet
rieseln rings Platanenblätter.
Don Juan und Ali kämpfen.
Ihre Schwerter sind aus Plastik,

Wind bläht ihre Samtkostüme,
wirbelt hoch die Spitzenkragen
und den Pulverdampf der Schüsse.
Mit Gitarren und Gelächter
wird beendet das Scharmützel

und die Männer ziehn noch lange
um sich schießend durch die Straßen,
feiern ihren Heldenmut, prahlen laut
mit Sieg und Beute, stolze Ritter
von höchst komischer Gestalt.

GENE- LOGIK

von Gunda Haeber

Neulich beklagten sich die Eltern meines Neffen mal wieder, dass er nicht so werden wollte, wie es ihnen vorschwebt - "Von wem er das bloß hat?" Der Junge ist absolut intelligent und interessiert sich für das, was ihn interessiert, aber er ist stinkfaul.

Als ich Kind war, beschäftigten sich nur ein paar Superschlaue mit so unvorstellbaren Sachen, wie "Gene". Diese geheimnisvollen Dinger schleichen sich von Generationen zu Generationen und nisten sich, wenn sie dazu Lust haben, so einfach in einem Nachkommen ein. Eigentlich klar - woher sollen wir sonst unsere verschiedenen Charaktereigenschaften und Neigungen haben.

Ich sah es als notwendig an, mich insoweit mal mit mir zu beschäftigen. Adam und Eva müssten die ersten gewesen sein, von denen sich Gene verbreiteten. Aber nirgendwo wird berichtet, was der Herrgott damit beabsichtigte und wie er es bewerkstelligt hat.

Soweit zurück geht aber meine Genen-Forschung nicht. Sie beginnt bei meinem Urgroßvater mütterlicherseits. Er war als Fleischer-Geselle, wie das damals üblich war, gewandert und in einer kleinen polnischen Stadt in Grenznähe hängen geblieben, hatte eine Fleischerei aufgemacht und eine Polin geheiratet. Ich wollte immer gern wissen, wie meine Urgroßmutter hieß, aber meine Mutter wusste nur, dass sie gelegentlich zur Flasche gegriffen haben soll, als Schmerzmittel wurde entschuldigend vermutet. Sie war früh verstorben. Was man vielen slawischen Frauen nachsagt, soll auch sie sehr schön gewesen sein. In einem deutsch/polnischen Volkslied heißt es ..."Sie war das allerschönste Kind, was man in Polen find, aber nein, aber nein sagt sie, ich küsse nie." Gene von dieser Ahnin habe ich also offensichtlich nicht

geerbt.
Väterlicherseits begann es im 13. Jahrhundert.. Im "Dritten Reich", als man nachweisen musste, dass man arischer Abstammung ist, hatte mein Großvater herausbekommen, dass Schlesien nach der Abwanderung der Slawen durch die "Heilige Hedwig" mit Franken wiederbelebt wurde. Das waren Bauernsöhne, Handwerker, Händler, meine Vorfahren müssen Schiffer gewesen sein. Noch mein Vater hatte mit 22 Jahren das Steuermann-Patent gemacht.
Von den 11 Enkelkindern meines Großvaters bin ich die Einzige, die dem Wasser verfallen ist, was ich mit 15 Kreuzfahrten beweisen kann. Da hat sich dieses Gen den richtigen Ankerplatz ausgesucht.
Außerdem spreche ich nach einem Bayern-Urlaub erst eine Weile bayrisch.
Es passiert allerdings auch, dass ich berlinere, wenn ich ein paar Tage in Berlin war. Da wird zwar gesagt, dass jeder zweite Berliner aus Breslau käme. Verwandte von uns gab und gibt es da aber nicht. Vielleicht sind auch Gene gegen Seitensprünge nicht gefeit.
Irgendwann hatte dann die "Marie-Theresia" von Österreich in Schlesien was zu sagen. Man redet von mir manchmal was von "Charme". Ich kann aber keine diesbezüglichen "Gen-Überträger" ermitteln. Vielleicht sind die im 7-jährigen Krieg verschmolzen. Meine historischen Lieblinge sind die beiden Friedriche, einmal der Staufer und dann der Preuße. Die hatten immer neben Kämpfen auch für Kunst was übrig. Als Schülerin war ich von Lessings "Minna von Barnhelm" begeistert. Darüber hielt ich im Deutsch-Unterricht sogar mal einen Vortrag. Der preußische überdisziplinierte, ehrenrührige Offizier und die wienerisch angehauchte Minna (a la stark ist er net, aber fesch) würden mir mit ihren Genen schon gefallen. Gene mit französischem Akzent - nee, und wenn ich auch ein bisschen englisch sprechen kann, gibt es auch kein geizig

schottisches, im Gegenteil.
Jetzt bin ich eine unverheiratete, kinderlose Niedersächsin. Was wird meinen Genen einfallen? Es könnte ja sein, dass bei der Nachkommenschaft meines Bruders die eine oder andere Eigenschaft oder Neigung als beispielhaft gesehen wird, sodass es diese Dinger reizen könnte, auch weiterhin rätselhaft tätig zu sein. Na denn man tau!

SINNESWANDEL

von Dieter Esselborn

Der *SINN* verlor sein **S**

und landete im Fluss.

Der *SINN* tauschte sein **S**,

stützt nun sich auf sein Kinn.

Der *SINN* vermählte sich mit **Qu**,

der kann ein Liedchen singen.

Der *SINN* gewann ein **e**,

nun hat er plötzlich viele.

Den *SINN* verhindert oft ein **Un,**

so sucht man ihn vergebens.

Es weht der Wind

von Renate Blume

(für Reinhard)

Es weht der Wind, es braust das Meer.
Ich denk' an Dich, mein Herz ist schwer.

Doch lässt der Schmerz mir Platz zum Leben
Zum Erinnern und Vergeben
Zum Weitergehen ohne Dich
Von Deinem Stern beschützt Du mich.

Und schaust Du dann auf mich hernieder
Weiß ich doch, wir sehn uns wieder
Uns bleibt von einer langen Zeit
Die ewige Verbundenheit.

Die Überraschung

von Udo Dickenberger

Es war ein übler Spaß, der mir unversehens bereitet wurde. Als ich eines Abends in schlechter seelischer Verfassung, müde und zerschlagen, heimkehrte, stellte ich verwundert fest, dass in mehreren Räumen des nicht allzu großen Hauses, das ich seit Jahrzehnten bewohnt hatte, seit meinem Verlassen des Gebäudes am frühen Morgen einige Dutzend mir ganz unbekannte, offenbar pflegebedürftige Menschen untergebracht worden waren.
Ich suchte über längere Zeit hin entnervt nach Ruhe, ich lief aufgeregt durch meine bisherige Wohnung. Ich wusste nicht, wen ich von den Ereignissen informieren und ins Bild setzen sollte. Ich griff zum Telefon, legte den Hörer wieder beiseite. Es war gewiss ein sehr schlechter Streich, den sie für mich vorbereitet hatten. Ich betrat den Balkon, ich ging auf die Terrasse. Ich klopfte an den Schuppen.
Überall, wohin ich auch in meiner Erschöpfung und Niedergeschlagenheit kam, spürte ich Unbekannte auf. Ich wurde selber, obwohl ich versuchte, argumentierend und mit guten Vernunftgründen auf mich aufmerksam zu machen, nicht beachtet. Von Wertschätzung konnte keine Rede sein. Alle Anwesenden gaben sich den Anschein, fortwährend intensiv mit den allerwichtigsten Dingen beschäftigt zu sein.
Ich wurde von ihnen nicht im Geringsten wahrgenommen. Ich setzte mich, wie ich es von Jugend auf gewohnt war, auf das Schlafsofa, um über die verfahrene Situation nachzudenken, und sank, nach Entspannung und Überblick suchend, nieder. Ich wurde von einer übelgelaunten Helferin jedoch sofort wieder aufgescheucht und weggejagt. Keiner der neuen Wohnungsinhaber erläuterte mir all diese Vorgänge und Abläufe.
Eine mürrische Betreuerin ging endlich auf meine wiederhol-

ten Anfragen ein. Sie teilte mir beiläufig und gelangweilt mit, durch die zentrale Unterbringung von Orientierungslosen und Moribunden an dazu geeigneten Orten sei eine sehr viel bessere ärztliche Überwachung dieser Personen sichergestellt. Immer mehr und immer neue gesetzliche Auflagen müssten schließlich heutzutage berücksichtigt werden.
Deshalb seien manchmal ungewöhnliche Maßnahmen der zuständigen Ämter erforderlich, die vielleicht nicht jedem gefielen. Aber daran sei nichts zu ändern. Man erwarte Einsicht und Verständnis. Außerdem könnten durch die gemeinsame Unterbringung die Heizkosten gesenkt werden. Das war alles, was ich trotz wiederholter eindringlicher Anfragen in Erfahrung bringen konnte.
Ich war immer noch nicht dazu gekommen, mir ein bescheidenes Abendessen am vertrauten Herd zu bereiten. Die Vorratsschränke waren offensichtlich geplündert worden. Es war vermutlich für mich für längere Zeit hin an keinerlei Ruhe mehr zu denken. Es war kein Frieden mehr da. In einem fort strichen Unbekannte, die sich schlecht benahmen und die überdies übel rochen, in den Gängen, die bis dahin mir gehört hatten und von mir allein genutzt worden waren, auf und ab. Einige Besucher sprachen mich in einer frechen Weise an. Andere dieser ungebetenen Gäste schlugen mir vertraulich auf die Schultern oder fassten mich am Arm. Sie befragten mich gerade so, als ob wir uns seit langem kennen würden. Ich wusste jedoch ganz genau, dass ich alle diese insgesamt sehr seltsamen, überaus merkwürdigen und geradezu verdächtigen Menschen noch nie im ganzen Leben gesehen hatte.
Ein sogenannter Physiotherapeut wollte wissen, wo sich irgendwelche mir völlig unbekannten Gymnastikbälle und Hanteln befänden. Ein sich jovial gebender und sehr schmutziger Mechaniker schraubte im Treppenhaus an der alten Ritterrüstung herum. An der Hellebarde waren zerrissene und

stark beschmutzte Kleider zum Trocknen aufgehängt worden. Es bot sich alles in allem ein verstörendes und unwürdiges Bild der Zerstörung, der Verwahrlosung und der Verwüstung. Ein ausgedorrter knorriger Assistenzarzt wies mich schläfrig auf den gravitätisch daher schreitenden korpulenten Chefarzt hin. Der hatte sich stark geschminkt und trug ein wehendes Toupet. In seiner Jugend soll er ein berühmter und erfolgreicher Springreiter gewesen sein, der weltweiten Ruhm genoss und sich darin sonnte. Heute sei er den jungen Leuten schon lange nicht mehr bekannt.
Keiner drehe sich auf der Straße mehr mit Blicken der Bewunderung, der Anbetung und der Verehrung nach ihm um. Ich musste gestehen, dass auch ich den schäbigen Kerl noch nie gesehen hatte. Seinen Namen hatte ich noch nie gehört. Auch die Küche und das Badezimmer wurden von der Einrichtung benutzt. Ich fragte mich, wie ich unter diesen Bedingungen einer sinnvollen Tätigkeit nachgehen und zur Ruhe gelangen sollte.
Ich sann darüber nach, wie ich in diesen dürftigen Verhältnissen würde weiter existieren können. Ich überlegte, wie ich in diese Situation geraten war. Ich wusste es nicht. Ich konnte kein Verschulden und kein Fehlverhalten erkennen. Ich suchte verdrossen und müde die dreckige Holzkammer am Ende des Kellers auf, die offensichtlich von dieser eigenartigen und eigenwilligen Institution noch nicht entdeckt worden war.
Dort legte ich mich hundemüde und völlig erschöpft nieder und beschloss abzuwarten, was der neue Tag bringen mochte. Ich zog mir unzufrieden, verärgert und mürrisch die staubigen Kartoffelsäcke über den Kopf. Ich wunderte mich darüber, wie schnell man heutzutage in eine völlig haltlose Situation geraten kann. Unübersichtlich und unüberschaubar ist dies alles, undurchsichtig und unüberlegt, überlegte ich.
Jetzt erst, in der Bedrängung, wurde mir klar, wie schön es

hier in der längst vergangenen Zeit der Selbstbestimmung gewesen war. Ich hatte ihren Wert und die Bedeutung der Freiheit nicht zu schätzen gewusst. Ungezählte Möglichkeiten hatten sich damals eröffnet. Doch nur wenige hatte ich in meiner Trägheit, Faulheit und Nachgiebigkeit genutzt. Jetzt eröffneten sich freilich überhaupt keine Aussichten mehr.

Freiheit, murmelte ich beim Einschlafen, Aufklärung, Licht. Die Lage war völlig unübersichtlich geworden. Da trampelten sie über mir hin und her, während ich einsam und ausgeliefert im Loch lag und hungerte. Es würde nicht lange dauern, bis sie mich hier aufspüren und auch von hier verjagen würden. Das war sehr deutlich abzusehen. Dabei würden sie wahrscheinlich noch nicht einmal einen alten, räudigen Hund in diesem Verschlag unterbringen wollen, diese Bestien.

Wir träumen von der Zuversicht und der Hoffnung, aber keiner bringt sie uns. Wir hängen immerzu unseren alten vertrauten Vorstellungen nach, die nichts mehr zählen und die keinen Wert mehr haben. Es war warm im Keller. Es regnete nicht hinein, es ging hier in einer gewissen Weise sogar gemütlich zu, und keiner tat mir einstweilen ein Leid an, doch man konnte vom Wechsel der Tageszeiten wenig bemerken.

Ob die Zeitung geliefert wurde, bekam ich nicht mit. Der Gestank im Loch drang durch alle verdreckten Ritzen. Die schmutzigen Scheiben des kleinen vergitterten Fensters verschluckten das Licht. Das behäbige Surren der alten Heizungsanlage dämpfte alle Geräusche. Ich beschloss, mich einstweilen von den hier reichlich gelagerten Pellets zu ernähren. Dann versuchte ich, durch leises Bellen und verhaltenes Knurren auf meine verzwickte und verstörende Lage aufmerksam zu machen.

Es nutzte nichts, es half nichts. Man konnte sogar schmecken, aus welcher Baumart die Pellets hergestellt worden waren. Fröhlich hatte das Leben einmal begonnen, grauenhaft

endete es jetzt. Welche Zeiten waren gekommen, und wann würden sie vorübergehen, überlegte ich. Ich wälzte mich aufgeregt und ausgelassen zwischen den staubigen Kartoffelsäcken im engen Kellerloch hin und her, aber es waren keine Aussichten zu erkennen.
Oben verzehrten sie jetzt meine Nudeln und den Kohl. Nicht mehr lange, und sie würden den Reis und die Schinken aufgespürt haben. Ich aber lag hier wie ein Ungeziefer in der Ecke. Ich nagte an den staubigen Pellets, deren Nährwert höchst fragwürdig war. Sie schmeckten ja überhaupt nicht. Sie machten nicht im Geringsten Appetit und luden nicht zum Weiteressen ein. Am vorletzten Abend hatte ich zum letzten Mal anständig gespeist.
Wie heiter war noch bis vor wenigen Tagen alles zugegangen, wie überschaubar waren die Tagesabläufe gewesen. Jetzt lag ich hier im staubigen Winkel, im dreckigen Loch. Es fehlten Beilagen. Es fehlte nährendes Gemüse. Ich vermisste die Vorspeisen. Das Essen war erbärmlich trocken und schmeckte nicht. Eine gute Sauce würde weitergeholfen, beruhigt und die triste Situation gemildert haben.
Es war jetzt vollkommen still. Überraschend stellten sich vertraute Geräusche ein. Kraniche kehrten trompetend und im Grunde viel zu früh in den Norden zurück. Ein klirrendes und schepperndes zum Erbarmen aufrufendes Rasseln machte mir klar, dass wieder eine Eule falsch geflogen war. Wie so oft in den vergangenen Jahren war eine schlecht orientierte und unkonzentrierte Eule gegen den Laternenmast am Weg zum Wald und zum Sportplatz gesaust.
Wie töricht diese erbärmlichen Tiere doch sind, überlegte ich mir und kauerte in den Kartoffelsäcken. Sie lärmen, sie machen auf sich aufmerksam, sie ängstigen die Kinder und die Alten, diese unverständigen, albernen und verjährten Tiere. Sie bilden sich etwas darauf ein, dass es ihnen immer noch gelingt, den kleinen Kindern Angst einzujagen. Aber sie

können sich selber nicht helfen, sie bringen nichts zuwege und taugen nichts.
Unterm Licht des Tages bestehen sie jedoch nicht, da versagen sie. Da stehen sie immer nur jämmerlich und geängstigt da. Am Rande des Grundstücks befindet sich ja die alte, windschiefe Hütte, fiel mir ein. Daneben der Tümpel, der Teich. Das sind Aussichten, erkannte ich. Jetzt bestand plötzlich wieder Hoffnung. Zuversicht kam auf. Im Morgengrauen würde ich dorthin gehen. Dort würde mich vorläufig keiner aufspüren. Niemand würde mich von dort verjagen können.

Leute im Café
von Edith Ropeter

„Sehen Sie mal!“,
sprach der fremde Mann
die Dame, die ein Ei verspeist',
am Nebentische an.
„Nun schaun Sie mal,
hier rundherum nur Frauen,
Männer zähl' ich nicht.“

Er lachte keck
und guckt die Frau
durch seine Brille an.

Die fremde Frau
mit Frühstücksei,
schaut im Café sich um,
dann zählt sie schnell
eins - zwei - drei
Herren.
(Der Kerl ist ja recht dumm.)
Sie sprach zu ihm:
„An manchem Tag
sind zwanzig Herren hier,
sie speisen und sie stärken sich
danach mit Schnaps und Bier.
Ihre Zählung - Ihr Vergleich
stimmt heute - allgemein,
doch die Regel ist es nicht,
demnächst kann’s anders sein.
Männer zehn
und Frauen vier,
das wechselt Tag für Tag,

das liegt daran, wer grade jetzt
mal Torte essen mag."

Sie aß ihr Ei und trank den Tee,
der Mann nahm seinen Hut,
verbeugte sich und
sprach „Ade -
noch einen schönen Tag!"

Sinn und Unsinn

von Dietrich Wilhelm Grobe

Herr Sinn geht strax und unbeklommen
die Straße, die er stets genommen.
Er kennt hier jeden Baum und Strauch,
die Häuser, Menschen kennt er auch.
So lässt er mancherlei Gedanken
um Ziel und Wege duldsam ranken.

Herr Unsinn liebt nicht das Korrekte,
das ihn mehr störte, ja gar schreckte.
Sein Weg ist krumm und stark gewunden,
trotzdem hat er sein Ziel gefunden.
Zufrieden spürt er stetes Glück,
es wirft ihn selten auch zurück.

Wenn Sinn und Unsinn sich vereinen,
dabei Vernunft gemeinsam wahren,
dann ist man schon - so möcht' ich meinen
in jedem Falle gut gefahren.

Mathilde und ihre Waage

von Bruna Häcker

Mathilde bekommt von ihren Kindern eine digitale Waage geschenkt, weil die alte verrostet ist, wie sie sagen.
Ihre Kleider sind wie Ton auf ihrem Körper modelliert und die Nähte zum Bersten gespannt. Ihre Freundinnen nicken milde, wenn sie die Treppe zu ihrem Stamm-Cafe hochschnauft, und es immer knirscht, wenn sie sich setzt.
Sie wird immer trauriger, weil sie ihre gelben Rüben im Garten nur noch auf Knien ernten kann.

Ihre Kinder tuscheln besorgt und sich selbst beruhigend: „Mama wird alt, da sind die meisten Menschen fett."

Eines Morgens am achten April, acht Tage nach ihrem Geburtstag, stellt sie fest, dass sie ihre Füße im Stehen nicht mehr sieht.

Das erste Mal seit 20 Jahren stellt sie sich auf die neue digitale Waage und braucht einen Spiegel, um ihr Gewicht abzulesen. Dieser Schmerz verbraucht dreißig Papiertaschentücher. Danach legt sie sich in ihren teuren Sessel und betrinkt sich mit einer Flasche Lambrusco und schläft benebelt ein.

Wandel

Wie ein sterbendes, krankes Tier zieht sie sich drei Wochen zurück und nagt am Kraut der Rüben. Sie plündert ihre Kühltruhe mit Gemüsevorräten und in der vierten Woche läuft sie jeden Tag eine Stunde von Zaselhausen nach Zuselhausen und zurück.
„Die hat eine an der Klatsche", sagen die Nachbarn.

„Die hat eine Depri“, sagen ihre Freundinnen.

Nach der vierten Woche taucht sie punktgenau bei den Kaffeeklatschtanten auf und lächelt. Sie trinkt ihren Kräutertee und ist gut gelaunt.
Ihre Mimik und der Körper haben sich verändert.
Sie kann ihre Füße sehen und der zeltartige Mantel hängt an ihr wie sein Sack.
Doris, die Geschwätzige, bringt es auf den Punkt: „Bist du auf Diät, du hast dich verändert?“
„Wirklich?“, antwortet Mathilde scheu und hat mehr als eine Träne im Knopfloch.
Beim nächsten Treff hat sie einen neuen Mantel an, lächelt und wird heimlich bewundert.

Gönne Dir Dich selbst
von Sieglinde Seiler

Komm`, setz` Dich auf die Terrasse
und ruhe ein wenig von der Arbeit aus.
Die Arbeit bleibt einfach mal liegen –
es macht sie doch eh` keiner im Haus.

Erlaube es Dir, Dich zu entspannen.
Lass` es, wenn Dir danach ist, jetzt zu,
denn der Mensch braucht die Arbeit,
dazwischen aber auch die nötige Ruh`.

Brühe Dir eine frische Tasse Kaffee
und nimm die Tageszeitung zur Hand.
Vielleicht lockt Dich der Liegestuhl –
Du entspannst in der Tagträume Land.

Gönne Dir Dich selbst 20 Minuten
und Du merkst, Deine Seele tankt auf.
Jetzt bist Du erholt und gewappnet
für das, was zu tun ist im Tagesablauf.

Wenn kein Wort mehr den Lippen entspringt:
von Brigitte Schaefer

Dann hat's Dich erwischt!
Es brummt der Kopf - es läuft die Nase,
beim Husten reagiert die Blase.
Die Knie-e weich, der Corpus lahm,
ein Menschgestell, oh, Gott erbarm!
Ohrensausen, Bronchen mucken -
und der Hals tut weh beim Schlucken,
nur „Tempo“ hält die Nase trocken.
Der Stimme Höchsttön' zu entlocken -
kläglich Versuch - der gleich entfällt,
allein der Hund im Duett bellt.
Arme, arme Menschgestalt:
Dich hat's erwischt!
Dir ist auch kalt,
Dich fröstelt's nur
rund um die Uhr.
Die Augen brennen,
Tränen rennen ...
Nichts scheint mehr nett,
nur noch das Bett.
Schaust in den Spiegel, kennst Dich nicht,
vor Dir ein „gräulich“ Angesicht.
Halt aus Gestalt, 's wird besser bald.
Arznei soll helfen, Sinne laben –
vor allem heißt's
Geduld zu haben.
Drum Mensch, pass' auf
und gebe Acht.
Wenn's Dich erwischt
kommt's über Nacht.
Kurier' Dich aus für neuen Schwung,
jetzt **hilft nur: GUTE BESSERUNG!**

Der Weg nach Shambhala
von Gerburg Tsekouras

Shambhala, Märchen aus Kindertagen!
Doch niemand wusste den Weg dir zu sagen.

So brachst du auf, ohne Kompass und Weisung
ins unbekannte Land der Verheißung,

dort zu finden die Fülle des Glücks,
den Sinn deines Lebens und deines Geschicks.

Dein Weg, er führte durch grünes Land,
doch auch durch Wildnis und Wüstensand.

Bald reistest du mit Gefährten gemeinsam,
bald wandertest du alleine und einsam.

Wirkend und schaffend gingst du durchs Leben,
Liebe erfuhrst du, hast Liebe gegeben.

Wissen erwarbst du in Müh´ und Beschwerde
suchend das Land zwischen Himmel und Erde.

Manch steilen Gipfel hast du erklommen,
und immer noch bist du nicht angekommen,

immer noch gehst du auf Pilgerstraßen.
Niemals hat dich die Hoffnung verlassen.

Doch was du gefunden, ob wenig, ob viel,
du fühlst wohl am Ende: Der Weg war das Ziel!

Das Huhn

von Wolfgang A. Windecker

Viele von uns denken gerne an unsere Kindheit zurück. Ich denke auch voll Freude an die Kindertage auf Opa Adam Launhardts Bauernhof in Frankfurt/Main-Praunheim zurück. Wenn zum Beispiel Freund Alexander Lumb und ich beim Spiel in der Scheune einen Tunnel aus Strohballen bauten und vorne ein großes braun gefiedertes Huhn hineinschickten und hinten kam es aufgeregt gackernd herausgerannt.
Oder: Nachbar und Großbauer Jakob Vaupel hielt viele Schweine. An einem Karnevalsdienstag spielten mein älterer Bruder und seine Freunde - als Cowboy und Indianer verkleidet - in den Straßen.
Ich schlich mich zum Schweinestall und ließ die Schweine ins Freie. Diese rannten grunzend durch die engen Gassen Praunheims. Verfolgt von den mit Zündblättchen-Pistolen knatternden Cowboys und den Lasso schwingenden Indianern.
Oder: Opa Adam fuhr mit Pferd und gefülltem Jauchefass durch die Straßen. Ich rannte hinterher, öffnete das Fass, Jauche spritzte heraus, ausgerechnet vor dem Friseursalon von Jean Hill.
Ja, da kam Freude auf!

Vogelgezwitscher
von Erika Dreßler

Auf der Hütte sitzen Raben,
sich an manchen Gaben laben.
Bis sie merken, unverhohlen,
sie sind nicht Raben, sondern Dohlen.
Denn Hack und Huck, die beiden Dohlen,
hatten mancherlei gestohlen.
Süße Früchte und auch Schmuck -
Schluss damit jetzt - sagte Huck.
Denn wir woll'n ja weiterleben,
darauf lasst uns einen heben.

Fixe, faxe
von Ines Graudenz

Fixe, faxe
Lieber Maxe
Alter Hut
steht dir gut
Singst ein Lied
hast mich lieb

Fixe, faxe

Jung und weise
gehst auf Reise
kommst auch wieder
lässt dich nieder
denkst an Ferne
zählst die Sterne
Alte Geschichten
willst du berichten
und auch dichten
von der Welt
wie es dir gefällt

Fixe, faxe

Lasst ihn dichten
lasst ihn träumen
von der Welt
von schönen Bäumen

Vagabund
und fixe, faxe

Ich denke an dich
lieber Maxe

So laut

von Annette Glanzer-Fischer

Wieder drängte heftiges Pochen zu ihr hoch und griff nach ihrem prallen Herzen. Wumm, wumm, wumm. Es nützte nichts, dass die geräumige Altbauwohnung fast vier Meter hohe Räume besaß, nein. Im Gegenteil. Der Schall der Bässe der im unteren Geschoss gespielten Musik übertrug sich auf den alten hölzernen Fußboden, dessen Vibrationen auf das Mobiliar und die Insassen der darüber liegenden Wohnung übergingen. Genervt sprang sie vom Sofa auf und lief in die Küche, um sich ein weiteres Glas Rotwein zu holen. Bei jedem Schritt spürte sie dieses verhasste *Wumm ,Wumm Wumm*, das nach ihr, nach ihrem Verstand zu greifen schien. Rücksichtslos, einfach völlig rücksichtslos, diese Nachbarn. Man musste doch wissen, dass das Leben in einer Stadtwohnung diese lautstarken Hörgewohnheiten nicht zuließ, dass man damit die umliegenden Nachbarn lärmbelästigte. Bei Kindern, bei Jugendlichen, da hätte sie ja ein Einsehen gehabt, aber Erwachsene, nein so etwas. Schließlich gäbe es in jedem Billigmarkt schon einigermaßen brauchbare Kopfhörer, mit denen man sich die lauteste Musik ganz dicht in den Gehörgang knallen konnte, ohne dass sogar der unmittelbar daneben Stehende etwas bemerkte.

Laut sein, das war ganz sicher nicht so schick, wie viele Jugendliche offensichtlich glaubten. Es war wohl auch ein Zeichen der Zeit, dass man alles hinausschrie, brüllte, um Gehör zu finden, um in dieser von Reizen und Klängen überfluteten Welt noch gehört, um wahrgenommen zu werden. Vielleicht würde der Rotwein sie ein wenig beruhigen, könnte sie so ihren erhöhten Adrenalinpegel wieder stabilisieren. Ganz laut pochte ihr Herz immer noch, ganz laut, schallte bis zu den Ohren, und sie hörte schließlich nichts anderes mehr als das Pochen ihres eigenen Herzens, das im

Rhythmus der Bässe weiter tanzte. Sie nahm einen großen Schluck des rubinroten Weins, der ihr zart und leicht durch die Kehle strömte. Nicht lange suchend fand sie im Kühlschrank noch ein geöffnetes Glas Oliven, die sie genussvoll zu sich nahm. Langsam wurde sie ruhiger, konnte sogar die italienischen Köstlichkeiten genießen, die sie aus den Tiefen des Kühlschranks hervorholte. Sinnlich, ja, sinnlich war das, und ihr Gehörsinn hatte nun ja Pause, wie sie sich vorgenommen hatte.

Einige Minuten später kam er in die Küche nach, wo sie inzwischen auf dem Herd saß und die Beine baumeln ließ, ein Glas Rotwein in der einen und eine Olive in der anderen Hand. „Du kannst jetzt wieder kommen, es ist endlich still geworden“, beruhigte er sie, deren Anspannung bereits ein wenig nachgelassen hatte. Sie hatte nun sogar ein schlechtes Gewissen, fühlte sich mies, war doch ihr lauter Protest, ihr trotziges Verhalten kindisch gewesen, wie sie nun zu wissen glaubte. Sie war, das hatte man ihr schließlich jahrzehntelang eingebläut, selbst Schuld gewesen, hatte überreagiert, was sonst. Betroffen nahm sie sich vor, die nächste Lärmattacke, die sicher kommen würde, demnächst gelassener zu ertragen. So tappte sie schließlich zurück ins Wohnzimmer und legte sich zu ihm aufs Sofa und es war wie ein Nachhausekommen, denn als er seinen Arm um sie legte, war endlich ihre kleine Welt wieder in Ordnung.

Gedankenpause
von Anita Angheloiu

Schweigen,
innehalten.
Den warmen Sand unter meinen Füßen spüren.
Den Duft der Blumen um mich herum schmecken.
Den Schnecken beim Tanz zusehen.
Dem Gesang der Schmetterlinge lauschen.
Und in der Nacht am Sternenhimmel
den Regenbogen entdecken.

HORROR
kein science fiction
von Eva-Marie Brodheim-Egbuna

GLOBALISIERUNG - das neue Wort -
der Mensch kann wandern jetzt an jeden Ort

Jungen, Maedchen, Kegel und Kind;
egal, nach Wunsch treibt sie der Wind.

Was hört sich gut das alles an,
wann immer man will, und, wann immer man kann.

Ob BANTU, MAORI, NORMANNE oder ESKIMO,
ein Platz ist frei für jederman irgendwo.

Ein Glücksgefühl ist Wahrheit geworden:
"Lasst wandern die Menschen, wie die Horden."

Rasse, Hautfarbe und der Glaube,
sie werden beschützt und begleitet von der FRIEDENSTAUBE.

Ja, der Mensch, der soll in Frieden leben
und sein Glück sich sichern mit Gottes Segen.

IDs und Passwörter am laufenden Band,
Namenswechsel gehen simpel von der Hand.

Heute Luise, morgen Ludmilla Meier,
und von ihr zu ihm geändert in Hans Scheuer.

Feinde und Kriege, die sind vorbei;
Nur FREUNDE finden sich im Überraschungsei.

Keiner auf dieser Erde wird je mehr hungern
und auf der Straße bettelnd um Geld lungern.

SO JEDENFALLS, POLITIKER AUF JEDEM GIPFEL;
DIE LOBBYISTEN KLEBEND AN IHREN ZIPFELN.

Abgeschottet von UNIFORMIERTEN in DAVOS:
"Wir benötigen MULTILATERALE MECHANISMEN bloß."

"WIE BITTE? Was soll das denn bedeuten?
Eine Welt von automatisierten, reglementierten Leuten?"

Gesprochen und geschlemmt zu des Bürgers Lasten.
Sie werden beleibt und der Zahler kann fasten.

"Gleichheit" ist hier nicht gelogen,
um die "Freiheit" allerdings ist der Mensch betrogen.

Bevormundung-Entmündigung man hat nichts zu sagen.
"Abhängige, Unterdrückte, KEIN WORT, wie könnt ihr es wagen?"

"HIRE and FIRE, FIRE and FURY", das ist die NEUE WELT.
Verrohung, Alkohol, Drogen und in der Tasche kein Geld.

Nein, nein, nicht jeder kann so einfach rennen
und der reichen Länder Grenzen sprengen.

Nur, wer mit uns sitzt in einem Boot,
dem IWF gesonnen, ansonsten droht leider der Tod.

WIR verkaufen Euch gern Eure raffinierten Schätze des Bodens;
doch nur, wenn dafür wir Regenwälder dürfen roden.

Eure Präsidenten und Diktatoren sind käuflich, wie wir,
doch die WESTLICHE WELT zuerst und dann kommt Ihr.

Und auch der kapitalistisch, kommunistische Osten hat nichts zu melden.
"AMERICA FIRST" mit Gefolge Weinstein & CO - das sind die HELDEN.

Verträge brechen in Politik und Macht;
aber sie schließen für eine Liebesnacht.

Und übrigens, sollte der Mensch nicht hören,
werdet Ihr ersetzt - WIR KöNNEN PRIMATEN KÜREN.

Wer uns nicht passt, fällt eben hinten runter
und ein Mensch geclont von DNA ZELLEN, ach so munter.

DASS ich nicht lache, DIE ZEIT IST VORBEI, -
"Die VOELKERWANDERUNG", die ist nicht neu.

HOMO ERECTUS, SAPIENS NEANDERTHALENSIS, woher seid Ihr gekommen?
Schon vergessen, dass vom Menschenaffe alle abstammen.

Aus OSTAFRIKA, der MENSCHEIT WIEGE,
dort begannen REICHTUM und SIEGE.

Ausbeutung, Sklaverei, Schrecken und Grausamkeit,
So sieht es heute aus in der Welt – UNHEIMLICHKEIT -

Korruption, Überexport von Gütern und Waffen;
"Da soll man noch auf Frieden hoffen?"

Spannung, Verbrechen, Zeitarbeit und Niedriglohn,
intelligente, industrieelle Revolution? Das ist ja ein Hohn.

Die Produzierenden machen sich seit Jahrzehnten den Rücken krumm,
aber leider immer noch zu dumm.-

Hartz IV, Agenda 2010, Rentenniveau und Parität dahin.
In dieser Mühle steckt der Großteil drin.

Wer dem einen etwas nimmt unter Vorwand von Gewinn,
dann hat diese Absicht nur für ihn einen Sinn.

JEDER für JEDEN, das ist SOZIAL;
doch diese DEVISE, die war einmal.

Eine Mitte, die wird es so schnell nicht wieder geben.
Zu schön ist der obersten Klasse Leben.

Die Zukunft ist vage, die finanzielle Belastung groß.
"Was soll aus dieser Ungleichheit werden bloß?"

KRIEGE, wirtschaftlicher, religiöser und ethnischer Art
Kreuzzüge nicht anders, wie damals es ward.

DAS IST DIE WAHRHEIT und sie existiert.
MODERNE EVOLUTION, bald von ROBOTERN chauffiert.

Plastik, Gummi, Müll und Stahl,
Auch die Meerestiere haben keine Wahl.

Sie alle sterben wie der Mensch dann aus.
Nur die EISZEITEN kommen und gehen, aber keine Maus.

HORROR, das ist das treffende Wort.
nur noch Bomben, Suizid und Mord.

Sie reden von GOTT, predigen GLEICHHEIT und LIEBE.
Blasphemisch sind sie, in Wahrheit Diebe.

Unmut bei den unteren Massen,
aber Freude bei den oberen Klassen.

Ich sage erneut: HORROR in HOECHSTER POTENZ!!!
Nur weiter so, ES BLÜHT DER LENZ!!!

Verwirrung
von Margrit Wagner

Wieder stand sie vor meiner Wohnungstür!
Was wollte sie schon so früh? Es war erst 6 Uhr 30. Bis Weihnachten waren es nur noch zwei Tage. Ich hatte eigentlich keine Zeit, Kinder und Enkelkinder wollten mich zu den Feiertagen besuchen.
Schon gestern Abend hatte sie bei mir geklingelt, mich gefragt, ob ich einen Umzugskarton für sie aufbewahren könne. Ich war verwundert, doch ich mochte sie, die Studentin.
Vor einiger Zeit war sie in unser Haus gezogen und mein neues „Gegenüber" im Hochparterre geworden. Stets grüßte sie mich freundlich lächelnd, wenn wir uns begegneten. Manchmal erzählte sie mir ein wenig von den Eltern und den Schwestern. Hübsch war sie anzuschauen: Modellfigur, lange blonde, gepflegte Haare, geschmackvolle Kleidung.
Schon gestern Abend hatte sie ein wenig verstört gewirkt. Ich fragte mich, warum ich für sie einen vollen Umzugskarton aufbewahren sollte.
Nun stand sie wieder vor meiner Tür, ungekämmt, müde aussehend und sehr aufgeregt. Sie bat mich, weitere Kartons in meiner Wohnung unterzustellen. Ich war irritiert.
„Mein Freund bestiehlt mich", sagte sie. Ich sollte mit in ihre Wohnung kommen, mir die unterzubringenden Kartons anschauen. „Ich brauche so sehr ihre Unterstützung!" Sie flehte mich förmlich an.
Was alles soll das, fragte ich mich, begleitete sie dann aber doch in ihre Wohnung. Ich war neugierig geworden.
Fassungslos starrte ich auf das Bild, das sich mir bot!
Der Freund lag noch im Bett, schaute mich entgeistert an. Ich konnte mich nicht erinnern, ihn schon einmal gesehen zu haben.

Der Fußboden war mit Kleidungsstücken übersät. Dazwischen lagen Papierberge und Bücher. Dazu ein Tisch mit einem übervollen Aschenbecher, schmutzigem Geschirr und leeren Wein- und Bierflaschen. Im Flur waren in einer Ecke viele Kartons gestapelt. Ich wusste nicht, was ich denken sollte. Waren hier Alkohol oder gar Drogen im Spiel?
Das passte so gar nicht zu meinem Bild, das ich von der jungen Studentin bisher hatte.
Ich wollte ihre Kartons nicht in meiner Wohnung! Das gefiel ihr gar nicht. Sie versuchte, mich umzustimmen. Fremde Leute hätten das Chaos in der Wohnung verursacht, der Freund hätte diese hineingelassen und denen auch ihren Schmuck gegeben.
Ich war entsetzt. Was sollte das alles. So ein Unsinn! Ich blieb bei meinem „Nein“.
Dann müsse sie eben jemand anders bitten, die Kartons aufzubewahren. Sie suchte ihr Handy. Endlich hatte sie es gefunden, versuchte, Ziffern einzugeben. Die Hände gehorchten nicht, zitterten. Sie reichte mir das Handy. Ich solle anrufen. Sie könne nicht!
Nur ein Anrufbeantworter meldete sich. Ich nannte meinen Namen und meine Festnetznummer und gab das Handy zurück.
Nachdenklich verließ ich die Wohnung der jungen Frau. So etwas hatte ich nicht erwartet. Meine Gedanken wirbelten durcheinander. Was war hier geschehen? Das machte doch alles keinen Sinn.
Eine Stunde musste ich mich gedulden. Dann endlich klingelte mein Telefon. Die Anruferin wollte wissen, wer ich sei, warum ich sie denn angerufen habe. Vorsichtig versuchte ich, die Situation zu schildern. „Ich komme sofort, bin in ca. einer halben Stunde da!“ Ich war erleichtert.
Im Flur vernahm ich Gepolter und aufgeregte Stimmen. Ich öffnete meine Wohnungstür. Die Studentin räumte Kartons

und Taschen vor die Haustür. Der Freund versuchte, sie daran zu hindern. Sie schrie ihn an, rangelte mit ihm, wollte den Wohnungsschlüssel zurück und ihn nie wieder sehen. Irgendwann bemerkte sie mich.

„Die Mutter meiner Freundin holt mich gleich ab, ich kann die Sachen bei ihr im Keller unterstellen. Ich nehme dann auch den Karton mit, den ich Ihnen gestern Abend gebracht habe."

Ich hörte ein Autogeräusch. Das Auto fuhr auf unseren Parkplatz. Eine Frau mittleren Alters stieg aus, kam aufs Haus zu, begrüßte mich kurz. „Ich kümmere mich", sagte sie. „Ich verstehe das alles nicht!"

Dann wandte sie sich meiner Nachbarin und deren Freund zu, gab klare Anweisungen, was weiter zu geschehen habe.

Ich ging zurück in meine Wohnung, verfolgte hinter der Gardine des Küchenfensters das Verschwinden der Kartons im Kofferraum des Autos. Der Freund verließ das Haus.

Wenig später fuhr das Auto davon. Meine Fragen, meine Verwunderung, meine Besorgnis interessierten niemanden.

Am Heiligabend rief mich die Freundinnenmutter und Nothelferin noch einmal an. Ich solle mir keine Sorgen machen. In einem sehr vertraulichen Gespräch habe sie vom Drogenkonsum der Studentin erfahren. Sie habe sie dazu bewegen können, sich professionelle Hilfe zu suchen. Ursache für das merkwürdige Verhalten könnte eine durch Drogenkonsum ausgelöste Wahrnehmungsstörung gewesen sein.

Ein erster winziger bedeutungsvoller Schritt in eine neue Richtung! Würde sie es schaffen? Ich wünschte es der jungen Nachbarin so sehr.

Vom (Un)Sinn
von Anita Schmuck-López

Und wenn der Sinn
der immer etwas ersinnt
nicht mehr erklingt
nachsinnt er was mit
ihm nicht stimmt.

Der Sinn aber schon
nicht mehr bei Sinnen
weil Dirigent den Stab
zum Auftakt schwingt
und Unsilbe betont
die dumpf ihm droht
denn solange er unbetont
sein Dasein bedroht.

Doch jetzt wo der Sinn
den Stab ihm entrissen
schlängelt just er sich
zu alter Größe empor
er den Takt anstimmt
und Silbe hell erklingt
und Unsinn wieder Sinn.

Was ist der Sinn?
von Evelyn Lenz

Nach Wohlstand streben,
die große Liebe erleben,
Anspruch auf Glück erheben,
Reisen machen,
jeden Tag einmal herzhaft lachen,
träumen von ganz verrückten Sachen.
Ist es das, was wir wirklich wollen?
Oder etwas, das wir wollen sollen?
Was ist meine Aufgabe auf der Welt?
Erreichen von Besitztum und Geld?
Liebe geben, aber keine bekommen
oder hab' ich sie nur nicht wahrgenommen?
Vielleicht wird man im Alter bescheiden,
ist froh, keinen Schmerz zu leiden.
Ich freu' mich über das kleine Glück,
vielleicht über ein Lächeln
oder überhaupt einen Blick.
Einige Ziele hab' ich erreicht
und das war oft nicht leicht.
Ist das unser Schicksal im Leben,
ein Auf und Ab, ein bisschen Nehmen
und immer mehr Geben?
Ich habe vieles erfahren,
ob es gute oder schlechte Erlebnisse waren.
Inzwischen weiß ich wohl recht viel,
aus Büchern und Erfahrungen –
Ist das das Ziel?
Inzwischen sollte ich auswählen,
und mich nicht mit Unnützem quälen.
Ich wollte mal weise wie Laotse werden,
wissen, was ist wichtig für mich auf dieser Erden.
Ergibt das alles einen Sinn?

Nach Genua

von Werner Seibel

Als er in den Wartesaal kam, ging alles ziemlich rasch. Draußen war das Wetter wie Milch und Rauch, es roch ein wenig nach bitteren Kräutern. Er würde kommen, dass hatte er *sich* versprochen, und er würde erläutern, warum die Natur so verblüht, wie ein Leben, wie die Haut, das Alter. Er würde nicht mit den Worten spielen oder Schmutzwörter gebrauchen, weil er sich über die Schnelligkeit der Zeit ärgerte, nein, er war, wie so oft, in seiner eigenen Ökonomie zurückhaltend, also still, keinem auf die Nerven gehend, aber interessiert daran, was an Neuem in der Welt vor sich ging. Unlängst hatte er ein Reiseziel ausgemacht, entweder nach Seattle, Göteborg oder Genua. Eigentlich wäre ihm der Westen am liebsten gewesen; er wäre durch unbekannte Landschaften gewandert, aber dann entschloss er sich, die Wärme vorzuziehen, also den Süden und so war seine Entscheidung *Genua.* Er verschränkte die Arme und horchte in sich selbst hinein. Stundenlang hätte er so sitzen können und er ertrug es, wie kaum ein anderer, sich in Unplanbarkeiten und Überraschungen zu verwickeln.

Es hatte ihn niemand gehen sehen. Leise hatte er die Tür seiner kleinen Wohnung zugemacht, hatte den Fahrstuhl genommen und war zur Bushaltestelle gegangen. Ein unsichtbarer Faden leitete ihn, er ging, als wäre es für ihn *immer schon* eine Entscheidung gewesen, die er, lediglich unterbrochen von jahreszeitlichen Anlässen, getroffen hätte, egal, ob morgens oder mittags oder abends. So war es für ihn keine besondere Handlung, die Wohnungstür zu schließen, zu gehen, ohne Adieu zu sagen, ohne das Tagesessen abzusagen und ohne eine ausführliche persönliche Abmeldung vorzulegen. Er wäre einfach unsichtbar, niemand hätte sich geregt, wäre verwundert gewesen, es sei denn, er hätte sein Tun vorher angekündigt. Nein, er tat es bewusst nicht. Draußen war ein heftiger Sturm, ganz plötzlich, und den Arzttermin, den er hätte wahrnehmen müssen, sagte er mittels eines kleinen Zettels, den er unter der Praxistür durchschob, ohne weitere Begründung ab. In der laufenden Woche hatte sich Besuch einiger Bekannten angesagt. Es scherte ihn nicht. Sie würden ein andermal kommen müssen, würden sie es wirklich wollen. Es fiel ihm ein, dass er seine Meinung über die persönliche Freiheit eines selbstbestimmenden Lebens durchaus dem einen oder anderen mitgeteilt hatte, wenn sie im großen gemeinschaftlichen Aufenthaltsraum saßen und Fernsehen schauten.

Der Wind draußen begleitete den Sturm, es wurde laut und man konnte sich im Freien kaum verständigen oder sich bekanntmachen. Unter einem Dach mit anderen Zeitgenossen zu wohnen war für ihn sehr gewöhnungsbedürftig. Nur keine Zeit mit Unnützem verschwenden, dachte er und hatte fast die Haltestelle erreicht. Manches ändert sich und manches bleibt, wie es ist. Was aber ist *mehr,* als das Gewöhnliche, fragte er sich. Und ganz für sich, es würde niemand hören, erläuterte er den Inhalt seiner Handlungsweise. Am Dach des Altenheimes beobachtete er das glucksende Rinnsal, das, jetzt im März, vielleicht den Frühling einläuten könnte. Es wäre ein Vergnügen, in den Park zu laufen und das Sicherheitspersonal im Heim zu überlisten. Wie sehnlichst er auf den Frühling wartete. Er ist das Leben, sagte er halblaut vor sich hin und dann fiel ihm ein, dass er seinen Elektrorasierer im Zimmer vergessen hatte. Die Hemden, die er schnell in den Handkoffer gestopft hatte, waren schon etwas zerfetzt. Es stört ihn nicht. Gegenstände, sagte er leise, nichts als lediglich Gegenstände. Der Bus würde ihn zur Straßenbahnhaltestellte bringen, von da aus war es nicht weit zum alten Hafen, wo einst die Tradition an der Tagesordnung war und auf bestimmte Weise die Welt zu

Hause gewesen ist. Der Hafen öffnete die Sehnsüchte und diese verschlossen sich nicht den Wünschen, eine eigene Spur zu legen, die er selbst nicht kannte. Seine Augen erfassten alles Mögliche, Menschen, Kräne, Möwen, Erinnerungen. Mit den Nägeln seiner Finger griff er in die Fugen einer Mauer, oberhalb des Weges, der direkt hinunterführte zu den ankernden Schiffen. Davonzugehen ist nicht leicht, dachte er, ob man Macht über seine Neugierde besitzt oder nicht und das Geheimnis einer nicht zu Ende gedachten Entscheidung hätte nichts mit persönlichem Erfolg zu tun oder mit der minimalsten Bekanntschaft eines Geheimnisses; es hätte auch nichts zu tun mit einer bisher vernachlässigten Freundschaft, denn es wäre nur der *Augenblick,* den man hätte, um zu bleiben, zu gehen, die Richtung zu verändern oder nichts anderes zu tun, als die Sonne über dem Horizont zu beobachten, die Wärme zu sich herunter zu holen, sie eine Weile zu besitzen und die Strahlen, in gewisser Einbildung, mit der Wärme bei Kerzenschein zu vergleichen. Es war keine Schwierigkeit für ihn, seine Gedankenwelt zu träumen und einen Ort zu besuchen, den er interessant und lebendig fand. Seine Tochter im heiratsfähigen Alter hatte er nur selten besucht, wenn er an die letzten zwanzig Jahre dachte, aber er spürte dicke Schweißtropfen auf seiner Stirn, was er denn, so seine Überlegung, mit der Zeit hätte anderes anfangen können.
Das Hafenbeckenwasser schwang im Takt, Ankunft, Abfahrt; er stellte fest, dass er sein Leben einigermaßen geordnet hatte; seine Gläubiger hatte er bedient, ein Prophet und Heiliger war er nie gewesen, er hatte gewusst, dass es an der Zeit war, den täglichen Kaffee nicht zu vernachlässigen und sich unter die Menschen zu begeben. Wie würden sie ihn beurteilen, diesen eigenartigen Mann, ihn, der manchmal selbst nicht wusste, wie er sich beschreiben könnte. Niemand, bemerkte er beinahe unhörbar, niemand hätte das Recht, ihn zu charakterisieren, schon gar nicht in eine Schub-

lade zu stecken, wie er das in abendlichen Gesprächsrunden mit anderen häufig erlebt hatte. Vor dem Abendessen klingelte es stets und die Heimbetreuer kämen mit Geschirr und Besteck und mahnten zum Essen. Niemand würde ihn heute ansprechen können. Am liebsten hätte er auf eine Anfrage geantwortet, dass er von Afrika begeistert wäre und sich ernsthaft überlegt habe, dorthin auszuwandern. Man würde ihm wahrscheinlich das Wort abschneiden und ihn für verrückt erklären. Was machst du nur für Sachen, hätten sie wahrscheinlich gesagt, wie kann man nur, du, in deinem Alter. Ein Poster über Afrika hatte er in seiner Wohnung aufgehängt, aber nun ging es darum, eine Fahrkarte im Bus zu lösen und seine Haare aus der Stirn zu streichen. Zur Rechten stand eine Bank, auf der Wartende saßen. Man würde ihn vielleicht schneller, als er denken könnte, aus dem Gedächtnis streichen. Denn *der Schlafende* würde er nicht mehr sein, und aus seinem Zimmer würde kein Laut mehr kommen. Niemand würde anrufen oder an einer Notglocke ziehen. Er würde nicht vom Flur in den anderen Raum gehen und Rauch in Kringeln aus Nase und Mund blasen. Die Eingangstür wäre für ihn nicht aktuell und es wäre höchstens der Fall, dass man die Zimmer durchsuchen würde, um ihn zu finden.

Das Geschickteste wäre nun, eine Fahrkarte zu lösen, solide gekleidet zu sein, eine gepflegte Kleidung zu tragen, eventuell ein kariertes Hemd, schön geputzte Schuhe und eine schwarze Stoffweste. Er würde beteuern, dass er es eilig hätte, obwohl es dem Busfahrer wahrscheinlich egal sein würde, wer es eilig oder nicht eilig hätte. Er fand, dass draußen, als er in den Bus eingestiegen war, eine gesäuerte Luft zu vermelden war und es blieb, obwohl helllichter Tag, ein guter Grund für ihn, sich auf einen der hinteren Plätze zu setzen und eine ausgeprägte Sympathie für seine Entscheidung zu empfinden. Seine Krankheiten würden ihn nicht in Ruhe lassen, aber der eklige Geruch von Fäulnis, der sich von draußen langsam durch den Bus zog, störte ihn nicht weiter. Die Fenster waren handbreit geöffnet und die Situation schien ihm gar nicht so unfreundlich zu sein. Ob der zweite kleine Zettel, den er am Empfangsfenster des Heimes hinterlassen hatte, reichen würde, um seine Entscheidung zu begründen, würde er nicht einschätzen können. Auf dem Zettel stand lediglich: Bin von Frankfurt nach Genua gereist. Komme voraussichtlich zurück, wenn die heimischen Vögel ihren Rückweg angetreten haben.

Treponti
von Renate Esselborn

Schräge Brücken, deren Schwung sich verliert
in feuchten Mauern, schwere Säulen einer Kirche
hart am Ufer des Kanales, ein Gefängnis, längst
verfallen, eine Bar im Osterschmuck,
Hunde bellen und die Straßen gähnen
unter müden Schritten. Bleiben oder
fliehen wir diesen Ort zwischen den Wassern?

Doch die scheue Höflichkeit dieser Kleinstadt
rührt uns an. Kein Museum will besehen,
nichts will hier bewundert sein. Nur Pomposa
lockt im Norden und Ravenna etwas südlich.
Tortellini gibt es hier, Käse und Motorradjugend,
Straßen, die in Armenhäusern und auf Nebeläckern enden.

Und es gibt den Scheitelpunkt der drei Brücken
in Comacchio, wo du deine Fotos machst,
wo wir mit den Kindern lachen, aber bäuchlings
nicht mit ihnen von der Marmorbrüstung rutschen.
Fische treiben in die Reusen der Lagune,
und es landen leichtgewichtig Plastikdinge,
Regenschirme und Pantoffeln, faules Obst,
zerbrochene Flaschen, Zinnsoldaten, Dosen,
Becher, Puppentorsi, alte Jacken
an den Stränden von Comacchio.

Trost in der Trauer
von Renate Blume

Nach der kummervollen Zeit
Beginnt die sanfte Traurigkeit
Und tief im Innern fühle ich:
Du bist bei mir und tröstest mich
Du gehst am Tag durch alle Räume
Warum nicht auch durch meine Träume?
Doch immer und ewig bist Du da —
So fern von mir und doch so nah.

Zum Karneval in Köln

von Brigitte Schaefer

Als Faschingsbegeisterte hegte ich seit langem einen Traum, mindestens einmal den Kölner Karneval erleben zu können. Dazu benötigt Frau Gleichgesinnte und einen Zufluchtsort in Köln.

Gute Bekannte erfuhren von meinem Wunsch und luden mich mit Begleitung zu den tollen Tagen nach Köln ein.
Wir wurden von einer lustigen und kostümierten Hausgemeinschaft herzlich empfangen, ich gab im echten Matrosenhemd meine ehemalige Seefahrtzeit kund und bald darauf zogen wir froh und munter durch diverse Kneipen, tranken jeweils höchstens ein kleines Kölsch, damit man später zwar fröhlich, aber doch noch aufnahmefähig für den bevorstehenden Kölner Umzug war. Der natürliche, ungezwungene Froh-Sinn begeisterte und man fühlte sich sofort im Kreise der Jecken aufgenommen, zumal wir ebenfalls nicht zum Kreise der „trüben Tassen“ gehörten und für jeden gerechtfertigten Unsinn aufgeschlossen waren.

Voraussetzung war vorerst die Unterbringung. Es ergab sich, dass uns direkt im Bereich der Hausgemeinschaft die Möglichkeit des Logierens angeboten wurde. Die für drei Nächte zur Verfügung gestellte Wohnung gehörte angeblich Faschingsmuffeln, die dem Trubel entflohen waren. Also kein Hotel, kein neutraler Ort, hier war man „dabei“ und so schunkelten wir frohgelaunt durch die tollen Tage.

Mir fiel allerdings auf, dass das Türschild an der offerierten Bleibe den Namen „Gar“ trug, der nicht alltäglich und mir irgendwie bekannt vorkam. So fragte ich, ob diese Wohnung zufällig einer Frau B. Gar gehörte. JA, die prompte Antwort, die ist nach Adelebsen, in der Nähe von Göttingen, ausgewichen. Welch ein Zufall: Klar! Birge Gar, damals Fahrschülerin aus Adelebsen, war meine ehemalige Klassenkameradin, von der ich viele Jahre nichts mehr gehört hatte.

Wieder zurück in Göttingen, versuchte ich die Geflüchtete recht bald in Köln telefonisch zu erreichen und bedankte mich für die kulante Überlassung ihrer Wohnung. Sie war verblüfft, erstens, weil seit Jahren kein Kontakt mehr bestand, aber besonders darüber, dass die Hausgemeinschaft in Köln, ohne ihr Wissen, über ihre Wohnung verfügt hatte. Peinlich, das wusste ich natürlich nicht. Daraufhin gab es interne Schwierigkeiten.

Wir jedoch stehen seitdem in Verbindung und werden im kommenden Jahr, wenn wir gesund bleiben, mit weiteren Klassenkameradinnen das 60. Jahr - seit Beginn der gemeinsamen Schulzeit - begehen.

Somit führte närrischer Unsinn zu einem bleibenden Sinn.

Närrisches

von Dietrich Wilhelm Grobe

Ein Narr ist weiser, als man denkt:
wenn er auch scheinbar Spaße schenkt,
räumt er, oft mit behender Hand,
zur Seit', was Flitter ist und Tand;

Legt bloß, wenn närrisch auch verpackt,
was uns so plagt, was uns so zwackt,
zeigt Spalten auf, die nicht zu kitten –
er hat dies alles selbst duchlitten.

Statt laut zu jammern und zu klagen,
hilft er, die Lasten leicht zu tragen,
statt große Sorgen aufzubürden,
nimmt er die Angst vor hohen Hürden,

die uns im Leben oft gestellt,
zeigt auf, wie närrisch ist die Welt.
Wer viel im Umfeld hat geseh'n,
wollt' nicht als Trauerkloß vergeh'n,

ging innermenschlich dann spazieren,
der sollte sich auch gar nicht zieren bei –
wie doch wohl in allen Zeiten –
gar deutlich Unzulänglichkeiten:

man spießt sie auf, durchdenkt sie weise
und schickt erneut sie auf die Reise.
Auch wär' es töricht, zu verharren,
wenn allzu viele Menschen Narren -

und wissen's nicht: hier hilft nur Lachen,
aus Narren Menschen neu zu machen:
denn auch der Narr, der wirklich weise,
braucht konkurrenzlos Absatzkreise,

damit die Menschheit sagen kann:
das ist kein Narr, ist unser Mann!
Kann er dann Sinn und Unsinn trennen,
woll'n Weisheitskönig wir ihn nennen.

Unterwegs
von Renate Esselborn

Blind, Blindekuh spielen,
wer da, ruft wer? Das Wort
hat ein hellhöriges Ohr,
an langer Buchstabenleine
zieht es mich mit sich fort.

Blind über Hals und Bein,
stumm über Stock und Stein,
breche ich Silben mir,
schenke dir leeres Papier,
manchmal ein Fragezeichen.

Wort macht Wort,
macht lang, lange Sätze,
füttert mit Zeichen mich,
ruht im Gedankenstrich –
bin in ihm unterwegs,
da kann ich bleiben.

Das Event

von Marisa Donetti

„Event“ heißt heute eine Veranstaltung.
Mag sein, dass man eine Festlichkeit auf moderne Weise benennt; der Umfang eines Unternehmens, das den üblichen Rahmen sprengt, verlangt eine besondere Bezeichnung.

Gina spazierte durch Mailand. Beim Schaufensterbummel betrachtete sie bei Versace „ihr Kleid“, mit dem sie seit längerer Zeit liebäugelte. Der Stoff rosa Trevira, um den runden Ausschnitt rosa Organza, weich fallend; aus dem gleichen durchsichtigen Material waren die halblangen Ärmel. Figurbetont. Sündhafter Preis. Da sie ab und zu bei Versace jobbte, würde sie Rabatt erhalten, dennoch ... es blieb Luxus.

Plötzlich traf sie Mario Zenaldi aus Rom, einen Bekannten. Er sah gut aus, war sonnengebräunt, hatte volles dunkles Haar. Sein Alter konnte man auf 50 schätzen, im Bekanntenkreis wusste man sein Alter, und tatsächlich würde er bald einen runden Geburtstag feiern.
Gina, die Managerin, kannte ihn von beruflichen Anlässen in Florenz. Stets hatten sie gute wenn auch belanglose Gespräche geführt.
Mario Zenaldi hatte immer gute Laune, lud Gina ins Café ein, und es mangelte ihnen nie an Gesprächsstoff. Plötzlich sagte Mario: „Ich möchte dich gern zu meinem Geburtstag einladen. Es wird eine Feier im kleinen Kreis, etwa 50 gute Bekannte werden kommen. Ich mag keinen großen Rummel.“
Gina freute sich, wunderte sich ein wenig über die Einladung und bedankte sich.

Bis zum Geburtstagsmonat dauerte es noch ein Vierteljahr,

inzwischen war Mario Zenaldi beruflich sehr eingespannt, wie er sagte, zudem hatte er eine Urlaubsreise mit seiner Familie gebucht.

Man muss erwähnen, dass Mario Z. ein prominenter Mann ist, durch seinen Medien-Beruf bei RAI hat er einen hohen Bekanntheitsgrad.

Zehn Wochen vergingen.

Bisher hatte Gina keine *offizielle* Einladung mit Terminangaben erhalten. Sollte sie tatsächlich willkommen sein?
Wen würde sie dort treffen? Vielleicht wäre sie einen Abend lang allein unter Fremden? Il destino - dem Schicksal würde sie die Entscheidung überlassen. Denn: Erstens kommt es anders als man denkt! Noch keine Nachricht ...

Er hat sein *Event* verschoben, dachte Gina. Zu viel Arbeit. Zeitmangel. Zudem die Auslandsreise.

Unverhofft traf sie auf der Via Torino Claudio Maffei aus Pisa. Claudio erzählte das Neueste. Morgen würde man es in der Zeitung lesen können: Der berühmte Mario Zenaldi hatte am vergangenen Wochenende mit einem großen *Event* und 200 Gästen - viel Prominenz! - seinen 60. Ehrentag gefeiert!

Gina war verblüfft und enttäuscht. Hatte Mario nicht ein *kleines* Fest mit guten Bekannten geplant?

Der charmante Mario, der strahlende Stern jeder Party, der so lustig plaudern kann, der die neuesten Witze kannte, hatte sie vergessen. Warum hatte der bekannte Mann sie denn „eingeladen"? Zum engeren Bekanntenkreis zählte die Frau nicht. War es die spontane Idee jener zehn Minuten, die sie gemeinsam verplaudert hatten?

Insider erzählten es, was Mario Zenaldi heute verspricht, hat er morgen vergessen. Zu viele Termine, zu viele Reisen, beruflich und privat, und vor allem das: unzählige oder Tausende von „guten Bekannten“ in der ganzen Welt. Jeder wusste es.

Gina wunderte sich, dass er sich an ihren Namen erinnerte.
„Va bene“, sagte Gina Brendini zu Claudio Maffei:
„Welches Glück, dass Mario bei guter Gesundheit ein unvergessliches Fest feiern konnte.“
Dann erfrischten sich Claudio und Gina bei Roberto in der Via Garibaldi *con un buon gelato.*

Nachdem sie sich verabschiedet hatten, fuhr Gina mit ihrem blauen Fiat in die City, um *endlich* bei Versace ihr Traumkleid zu kaufen. Tatsächlich konnte sie es für 350 Euro erwerben - anstatt für 550 Euro. Die Farbe Rosé schmeichelte, stand ihr gut, das figurbetonte Kleid behielt sie gleich an. Ihre dunkelblonden naturgewellten Haare fielen weit über die Schultern. Gina Brendini war mit vierzig Jahren eine attraktive Frau. Anerkennende Pfiffe auf der Straße bestätigten ihr, dass sie eine gute Wahl getroffen hatte. Va bene. Fatto bene!
Beschwingt fuhr sie im neuen *Outfit* nach Hause.
Später kürzte sie es ein wenig und trug ihr Kleid zu vielen Anlässen. Es war pflegeleicht und ideal für die Sommerurlaubsreise. Es war angenehm zu tragen und knitterfrei.
Auch nach Jahren trennte sie sich nie von ihrem Kleid, bewahrte es im Schrank auf und sie hatte es fotografiert. Später, mit einer anderen Kleidergröße, passte es nicht mehr, aber ihr Versace Traumkleid bleibt *Nostalgie* und *glückliche Erinnerung.*

Sinn des Lebens
von Sieglinde Seiler

„Was ist der Sinn Deines Lebens?“,
möchte ich Dich heute gerne fragen,
„Versuche doch, es zu formulieren!
Willst Du es vielleicht einmal wagen?“

Herauszufinden, was der Sinn des
Lebens ist, ist sicher nicht ganz leicht,
vielleicht, dass man als Mensch das,
was man erreichen möchte, erreicht.

Vorstehende Aussage ist ein Aspekt,
aber führt meines Erachtens allein nicht zum Licht.
Mit einem einzigen Satz beantworten
kann man diese Frage bestimmt nicht.

Jeder sollte die Anlagen und Talente,
die er einst mitbekam, gut verwalten.
Er sollte über sein Leben nachdenken,
sich nicht an der Oberfläche aufhalten.

Das Höchste auf Erden ist die Liebe,
der unsere menschliche Sehnsucht gilt.
Sie lässt uns träumen und schenkt viel,
wenn sie des Herzens Sehnsucht stillt.

Der Mensch sollte als Gemeinwesen
auch für seine Mitmenschen da sein,
sonst bleibt seine Seele auf der Suche,
verschließt sich und bleibt selber allein.

Das Ziel des Lebens sollte Gott sein
und das ewige Leben in ihm zu finden,
sich von der Seele her zu orientieren
und nicht zu sehr an Besitz zu binden.

Die Antwort auf die gestellte Sinnfrage
hängt wohl auch ab vom Lebensverlauf.
So unterschiedlich wie Menschen sind,
hat jeder „seine eigene“ Antwort darauf.

Diese Erklärungsversuche reichen nicht,
denn der Sinn des Lebens ist weit mehr,
ergibt sich aus dem Leben des Einzelnen
und kommt von Gott, dem Schöpfer her.

Abende

von Renate Esselborn

Einer dieser Abende
Gedeckter Tisch, geleierte Nachrichten
Und die Rückseite des Tiefs.
Du könntest wo hingehen
Bleibst, wo du auch nicht bist.
In Gedichten blätternd
Wartest du. Keiner ruft an.

Das Leben ist lang kurz lang,
Geschenkt und keiner
Will es haben, hergeben keiner.
Wunschlose Schnuppen fallen
Durch das Sieb der Sterne.
Der Mann im Mond zieht dir
Die Decke des Schlafs weg
Und das Fell über die Ohren.
Nach Fokushima soll es nun auch
Unmöglich sein Gedichte zu schreiben.

Im Tief, auf dessen Rückseite
Der Sommer erfriert,
Versinkt wieder ein Abend.

Mönch und Krieger

von Torsten Krippner

Herat schien immer zu wissen, wo ich mich aufhielt. Und tauchte dann plötzlich für einige Stunden auf, um dann wieder zu verschwinden. Doch er ließ sich immer wieder mal sehen. Manchmal erst nach Jahren. An jenem letzten Mal hatte er mich an einer Raststätte abgefangen, die sich auf dem Wege nach Kandy befand. Einmal in der Woche musste ich nach Kandy pilgern, um Besorgungen für das Kloster zu erledigen. Bei dieser Gelegenheit hielt ich dann immer auf dem Rückweg bei der Raststätte, um eine Tasse Tee zu trinken. Ich tauchte dort immer am gleichen Tag und zur gleichen Zeit auf. Auch dies hatte Herat in Erfahrung gebracht. Ich freute mich natürlich, ihn wiederzusehen, denn inzwischen waren Jahre vergangen. Er sagte, er wisse schon lange von meiner Rückkehr nach Sri Lanka und von meiner Gewohnheit, in der Raststätte einzukehren. Angeblich war es reiner Zufall, dass er ausgerechnet an diesem Tag und zu dieser Zeit in der Gegend etwas zu erledigen hatte. Herat gehörte zur „Janatha Vimukthi Peramuna", kurz der JVP, der bewaffneten kommunistischen Guerillaorganisation, die gegen die Zentralregierung Sri Lankas kämpfte. Sie rekrutierte sich vor allem aus der mit der Regierung unzufriedenen ärmeren singhalesischen Landbevölkerung, insbesondere Jugendlichen. Ihr Ziel war die Errichtung einer kommunistischen Regierung in ganz Sri Lanka.

Wenige Monate zuvor waren Angehörige der Polizei, darunter auch Frauen und Kinder, von der JVP ermordet worden. Das hatte wiederum zur Folge, dass Armeeeinheiten am Tage uniformiert die Dörfer durchkämmten und nachts in Zivil, wenn sie Leute mitnahmen, die nie wiederauftauchten. Die damalige singhalesische Regierung unter der Führung von Ranasinghe Premadasa, der später einem Attentat zum Opfer fiel, bestritt, dass sie und ihre Armee irgendetwas mit den Morden an den Jugendlichen zu tun hatten. Es waren Zehntausende, die täglich monatelang die Flüsse hinunterschwammen oder im Gebüsch am Straßenrand durch Genickschuss hingerichtet wurden. Auch mit den abgeschlagenen Köpfen wollten sie nichts zu tun haben, die für jedermann sichtbar zur Abschreckung an Straßenecken sichtbar aufgestellt wurden. Bezeichnenderweise hatte die Regierung, bevor sie Sri Lanka in ein Schlachthaus verwandelte, einen Tourismus-Stopp über das Land verhängt. So gab es wenige ausländische Zeugen. Dieses Verbrechen wurde von der Regierung perfekt verschleiert. Zwar gab es verzweifelte Aufklärungsversuche von Amnesty International, aber das, was sie herausfanden, war bei weitem nicht das, was tatsächlich geschah. So erfuhr die Weltöffentlichkeit wenig von den Verbrechen.

Herat war ein Verwandlungskünstler. Ich erkannte ihn auch dieses Mal beinahe nicht wieder. Seine traditionelle schneeweiße Kleidung, bestehend aus Sarong, einer Art weißem Leinentuch, das um die Hüfte gebunden wird und bis zu den Fußknöcheln herunterreicht, war bis in Höhe der Knie von einem Benjen bedeckt, einer Art kragenlosem Hemd, das über dem Sarong getragen wird. In der von Kopf bis Fuß schneeweißen Kleidung sah er aus, als käme er aus einem Tempel. Seine eng anliegenden Haare waren kurz geschnitten und glänzten wie eine Speckschwarte. Er trug ein säuberlich ausrasiertes Lippenbärtchen. Die tief in den Höhlen eingesunkenen Augen und die weit herausragenden Backenknochen ließen eine schlimme Vergangenheit ahnen. Auch der Körper, der sich trotz der lockeren Kleidung deutlich abzeichnete, besaß etwas unnatürlich Eckiges. Die saubere gepflegte Fassade konnte nicht darüber hinwegtäuschen, dass dieser Mensch bis auf die Knochen abgemagert war. Seit einigen Jahren war er Besitzer eines Frisörgeschäfts. Aber weil er da nur selten anzutreffen war, wurde der Geheimdienst auf ihn

aufmerksam. „Man hat uns in einer Reihe aufgestellt“, erzählte er. „Wir waren etwa zwanzig bis dreißig Leute. Keiner war älter als fünfundzwanzig Jahre. Die Fenster des in helles Licht getauchten Raumes waren vergittert und fest verschlossen. Ein Mann mit einem Sack über den Kopf - damit er nicht identifiziert werden konnte - ging langsam die Reihe ab und betrachtete jeden einzelnen aufmerksam durch die zwei in Augenhöhe geschnittenen Löcher im Sack. Hin und wieder gab er ein Handzeichen, woraufhin derjenige, vor dem er gerade stand, abgeführt wurde.
Herat hatte Glück. Seine Verkleidungskünste retteten ihm das Leben. Nach seiner Entlassung brach er die Verbindung zur JVP ab. Und die JVP zu ihm. Es entsprach einer altbewährten Taktik. Die JVP trennte sich grundsätzlich von einem Mitglied, sobald es sich verdächtig gemacht hatte. Das lag etwa einen Monat zurück. Seitdem bekam er keinerlei finanzielle Zuwendungen mehr. „Vermutlich sind sie alle tot“, sagte er wie beiläufig, ohne sich irgendwelche Gefühlsregungen anmerken zu lassen. Beinahe schien es mir, dass er keine Gefühlsregungen mehr besaß. Sein regungsloses maskenhaftes Gesicht ließ vermuten, dass er unter Schock stand. Seitdem lebte er von dem, was sein Geschäft ihm einbrachte. Und es war kaum genug, um damit die Miete zu bezahlen. Er hatte seit Wochen schon nichts Richtiges mehr gegessen. Als ich aufstand, um ihm etwas zum Essen zu kaufen, hielt er mich am Arm fest und sah mich mit weit aufgerissenen Augen flehend an. Aber dann senkte er plötzlich den Blick und sprach wie zu sich selbst: „Ich bin es nicht mehr gewohnt, dass jemand etwas für mich tut. Ich habe keinen Hunger. Aber für eine Tasse Tee wäre ich dankbar.“
Ich wagte nicht, ihn über seine Vergangenheit zu befragen, und offensichtlich war er nicht gekommen, um über sich zu sprechen. Aber das hatte er ja noch nie getan. Bei seinen unregelmäßigen Besuchen an abgelegenen Orten. In diesem

Moment wurde mir bewusst, wie wenig ich über Herat wusste. Was war er eigentlich für ein Mensch? Ich habe ihn immer nur als revolutionären Clown kennengelernt, der mir mit kindlicher Freude seine Verwandlungskünste vorspielte. Aber hin und wieder sprach er auch von der Zukunft. Dann strahlten seine Augen. Er träumte von einer Welt, in der es weder Polizei noch Armee geben müsste. Von einer Welt, in der die Menschen endlich einmal aus der Vergangenheit gelernt haben würden. Eine Welt, in der die Zugehörigkeit und Zuständigkeit sowohl für-, als auch miteinander als höchstes Gesetz der Vernunft anerkannt sein würde.
Damals bei einer unserer ersten Begegnung in Kandy, kurz nach seiner Entlassung aus dem Gefängnis, unternahmen wir einen Spaziergang kreuz und quer durch das Wäldchen, abseits von allen Wegen. Er zeigte mir die riesigen Krater, die ihre selbstgebastelten Bomben hinterlassen hatten. Die Armee hatte dort die eroberten Sprengkörper zum Detonieren gebracht. Er zeigte mir den uralten Baum am stillen See, dort wo der Weg sich teilt, um sich in zwei verschiedene Richtungen irgendwo hinter hohen Bäumen zu verlieren. Der Baum, von dem Herat durch die Kugeln eines Maschinengewehrs geschützt wurde, blutete damals immer noch aus vielen Löchern, eine dunkle harzige Flüssigkeit. Der See hat dort, wo dicke Bambusstämme weit in den Himmel ragen, einen kleinen Strand. Dort saßen wir eine lange Zeit und blickten schweigend auf die stille spiegelglatte Oberfläche des Sees. Der See ist so klein, dass man sich mit jemandem am anderen Ufer durch Zurufe verständigen könnte. Ich kam oft zu diesem See. Er war immer glatt wie ein Spiegel. Die Winde, die mit den Blättern im Baumwipfel spielten, lagen viel zu fern. Nie bewegte der Wind die Wasseroberfläche. Und doch gab es auf dieser stillen Oberfläche gelegentlich Wellen, die einen trägen Leguan trugen. Gelegentlich tauchte aus trüben Tiefen ein Fischrücken auf und erzeugte kleine

Kreise im Wasser. Die Fische sind sehr groß, vermutlich ist der See in seiner Mitte sehr tief. Herat summte leise und nachdenklich eine Melodie. Ich kannte diese Melodie von einer Kassette mit revolutionären Liedern, die er mir einmal vorgespielt hatte. Zu dieser Melodie gab es auch einen Text: „Geh hinein in den Schock, damit du aus ihm herauskommst."
Er nahm einen Stein und warf ihn ins Wasser. In dem Moment, in dem der Stein einschlug, tauchte in mir das Bild eines zersplitternden Fensters auf. Er sagte: „Wie dünn und verwundbar doch diese Haut ist. Wie sieht die Welt doch kaputt aus, wenn sie durch die Scherben eines Fensters betrachtet wird."
Ich spürte, dass er auf eine Reaktion wartete. Doch ich schwieg. Und so stellte er sich selbst die Frage, die er wohl von mir erwartete: „Wenn die Welt nur meine eigene Vorstellung ist, so wie ihr buddhistischen Mönche sagt, dann gibt es sie vielleicht gar nicht in der Zukunft? Aber ist es dann nicht Verrat an der Zukunft, für die wir ja kämpfen?"
Ich erwiderte ihm: „Du fragst, wie jemand, der nicht weiß, dass er träumt."
Er stand auf, und indem er sich anschickte zu gehen, sagte er traurig: „Ich weiß es wirklich nicht. Ich weiß nur, ich muss in diesen Krieg. Es ist meine einzige Chance rauszukommen."
Und so war er dann wieder verschwunden. Für die nächsten Jahre. So wie er es immer tat. Er war mir auch damals so nah. Und doch konnte ich ihm nicht helfen.
Jetzt sah er mich betroffen an, als er feststellte, dass ich dauernd seinen Blicken auswich. Da beugte er sich so weit hinüber zu mir, dass er vom Stuhl aufstehen musste. Ich fühlte mich von seinem Blick wie festgenagelt. Ein Beben durchzitterte seinen Körper, als er sagte: „Weißt Du. Unsere gemeinsame Freundin Sepalika ist bei dem Überfall auf die Polizeistation in Kataragama ums Leben gekommen. Sie hatte Glück, denn sie wusste, wofür sie starb. Als der Buddha starb,

war der Tod genau wie das Leben für ihn nichts weiter als eine biologische Tatsache."

Nun fasste ich ihn meinerseits fest ins Auge und erwiderte: „Nun, die Natur ist verschwenderisch. Sie schöpft aus dem Überfluss. Euch dagegen mangelt es an allem. Ihr seid wie Verdurstende, die bis zum Hals im Wasser stehen. Sepalika hatte sich selbst zum Opfer gebracht - noch vor ihrer natürlichen Lebensspanne. Sie hat der Natur ins Handwerk gepfuscht. Sie dachte immer nur an andere und hat dabei übersehen, dass sie auch existierte." Ich hatte mich ein wenig gehen lassen und mich in Rage geredet. Meine Gefühle begannen, sich zu überschlagen. Ich packte Herat am Arm und sah ihn flehend an. „Ist Selbstzerstörung nicht die Zerstörung des einzigen Maßstabes, der es uns ermöglicht, die Welt zu verstehen. Sieh dich doch mal selber an. Du bist nicht die Spiegelung dessen, was du am meisten liebst, sondern die Wirkung dessen, was du am meisten hasst. Und je mehr du selber zu dieser Wirkung wirst, umso ähnlicher wirst du ihre Ursache sein. Du glaubst gegen die Welt zu kämpfen, aber in Wahrheit kämpfst du gegen dich selbst. Hör doch bitte endlich auf zu kämpfen. Sieh doch nur, was du dir selber angetan hast. In Wahrheit hast du immer nur mit dir selber gekämpft."

Herat hatte wieder seinen Stuhl zurückgezogen und hielt nun den gesenkten Kopf in beiden Händen. Plötzlich erhob er sich wieder vom Stuhl, während er seinen erschöpften Körper mit den Händen an der Tischkante abstützte. Und wieder nagelte er mich mit den von schlaflosen Nächten blutrot unterlaufenen Augen fest. „Die, gegen die wir kämpfen, würden sich bei deinen Worten ins Fäustchen lachen."

Ich ergänzte: „Aber ihr wollt, dass ihnen das Lachen vergeht", und fügte hinzu: „Darum seid ihr euch ähnlich. Hass kommt nicht durch Hass zur Ruhe, sagt der Buddha, sondern durch Nicht-Hass kommt der Hass zur Ruhe. Der Hass hat euch

genauso blind gemacht wie eure Feinde. Ihr hättet sie nur mit dem schlagen können, was sie nicht besitzen: Mit Liebe."
Herat zuckte zusammen und verzog das Gesicht, als habe er Zitronensaft im Mund. Doch bevor er etwas sagen konnte, fügte ich schnell hinzu: „Ihr hattet Freunde im Volk gewonnen und auch in der Armee. Viel mehr als damals. Aber durch eure brutale Ungeduld habt ihr die Gunst derer verspielt, die eigentlich auf eurer Seite standen. Ihr hattet als Idealisten begonnen und endet als brutale Fanatiker, die das Volk tyrannisierten. Auch diesmal wandtet ihr euch gegen das Volk."
Herat, der nun wieder saß, fuhr sich mit der Hand über das Gesicht, als ob er verzweifelt versuchte, sich an irgendetwas zu erinnern. „Du hast recht", sagte er schließlich. „Aber der Grund für die Brutalität liegt ganz woanders. Der Grund liegt in unserer mangelnden Menschenkenntnis. Unsere anfänglichen Erfolge zogen Kriminelle an wie das Licht die Motten. Als wir bemerkten, dass wir von Dieben, Betrügern und Totschlägern durchsetzt waren, da war es bereits zu spät. Um uns von diesem Abschaum zu reinigen, hätten wir Leute aus unseren eigenen Reihen erschießen müssen. Doch wir waren wie betrunken vom eigenen Erfolg. Wir waren ja so mächtig und zahlreich geworden, dass die Führung die Kontrolle verlor. Sie interessierte sich nur noch für ihren Erfolg. Es kümmerte sie wenig, dass durch ihre Maßnahmen das Volk in Angst und Schrecken geriet. Die meisten von ihnen bezahlten dafür mit ihrem Leben. Doch selbst wenn wir alle draufgehen. Es wird unserer korrupten Regierung nichts nützen. Sie selber säen die Saat, die sie am Ende doch vernichten wird. Bei jedem Aufgehen der Saat wird sie stärker, widerstandsfähiger und einflussreicher sein. Darin besteht der Unterschied zwischen uns und unseren Feinden. Im Gegensatz zu uns haben sie nichts im Krieg dazugelernt. Wir werden wiederkehren. Nicht weil wir es wollen, sondern weil wir

wiederkehren müssen. Du sagst, dass uns der Hass mit unseren Feinden verbindet und Hass nur durch Nicht-Hass zur Ruhe kommt. Du glaubst, dass die Wahrheit, mag sie auch noch so vernünftig sein, irgendetwas mit den Naturgesetzen verbindet: mit Tag und Nacht, mit Ebbe und Flut, mit der Beziehung zwischen Sonne, Erde, Mond und Sternen. Nein, die Luft reinigt sich nicht dadurch, dass die Wolken aufgelöst werden, die der Wind zusammengetrieben hat, sondern dadurch, dass sich die Spannung zwischen Wind und Wolken steigern muss, um sich in einem Gewitter zu entladen. Wind und Wolken bedingen einander. Es bleibt nun einmal ihr Schicksal, sich in einer letzten gewaltigen Umarmung gegenseitig zu vernichten. Dann wird die Luft rein sein. Der Boden wird fruchtbar für eine geraume Zeit. Bis sich wieder ein Wind erhebt und Wolken zusammengetrieben werden. Aus diesem Kreislauf gibt es kein Entrinnen. Du glaubst, dass du dein Leben dadurch bewahren kannst, weil du dich den Gesetzen der Vernunft unterwirfst. Aber ich sage dir, es gibt Wichtigeres als die Erhaltung des bloßen Lebens. Wenn du deine Hand in einen Ameisenhaufen steckst, dann rennen die Ameisen nicht davon, um ihr Leben zu beschützen. Sie greifen an, immer wieder, ganz gleich wie viele du in deiner Hand zerquetscht. Denn es gilt etwas zu bewahren, das weitaus wertvoller als das Leben ist. Wenn sich der Kampf gegen das Unrecht im Kampf der Ameise offenbart, um wie viel mehr muss es sich im Menschen offenbaren. Wenn du diesen Kampf gegen das Unrecht preisgibst, dann gibst du dein Menschsein preis."

Nach den letzten Worten sank er wieder in sich zusammen. Er hüstelte verhalten in ein Taschentuch. War es nur Erschöpfung oder war er vielleicht krank? Ich spürte, dass ich mich um ihn sorgte und kam mir deswegen furchtbar albern vor. Mir schien, als täte ich ihm andauernd Unrecht. Mit allem, was ich für ihn empfand. Seine Worte hatten mich tief beeindruckt, aber ich durfte es mir nicht anmerken lassen. Er würde es wohl als plumpe Vertraulichkeit empfinden. Er stellte mein Menschsein in Frage und hatte mich damit schachmatt gesetzt. Ich hatte es mir abgewöhnt, mich mit anderen Menschen zu vergleichen, aber seine Bemerkung zwang mich nun doch zu einem Vergleich, dem ich nicht standhalten konnte. Ging es mir überhaupt darum, Mensch zu sein oder Mensch zu werden? Diese allseits so gepriesene Vervollkommnung der menschlichen Evolution, die sogar die Vollkommenheit der Gegenwart leugnet. Ich fühlte instinktiv, dass das Gespräch in die Irre führte. Diese Faszination und tiefe Ehrfurcht, die er für eine Liebe empfand, die sich selbst zum Opfer bringt, muss auch der Buddha gekannt haben. Der Buddha stammte aus der Kriegerkaste und hatte eine Ausbildung in allen damals bekannten Waffengattungen erhalten. Die Überlieferung sagt, dass der Buddha ein großer Kämpfer war und das Kriegshandwerk von Grund auf gelernt und gemeistert hatte. Eingedenk dieser Tatsache muss also die Gewaltlosigkeit, die der Buddha lehrte, etwas anderes bedeuten, als das, was Herat darunter verstand. Was für Herat Vernachlässigung des Menschseins bedeutete, war für den Buddha des Menschseins höchste Vollendung. Im Gegensatz zu Herat fehlte dem Buddha jene Voraussetzung, die den Kampf notwendig fordert. Denn jeder Kampf beruht auf Notwendigkeit. Kampf ist das Mittel, von dem sich eine Wendung der Not versprochen wird. Aber solche Notwendigkeit war für den Buddha nicht Ausdruck des Menschseins, sondern die Mangelerscheinung, die Notdurft, welche das Menschsein zur Hölle werden lässt. Indem er so die Ursache oder den Kern aller Kriege in sich selbst entdeckte, war es nur noch eine Frage der Zeit, diesen seit Urzeiten bestehenden Krieg gegen die Notdurft in sich selber zu führen und schließlich zu beenden. So war für den Buddha nie der Kampf Ausdruck von Edelmut, sondern die Gewaltlosigkeit. In den

überlieferten Schriften über die Aussagen des Buddhas steht geschrieben: „Die Edlen stellen sich nicht zum Kampf." Und so hat es bis auf den heutigen Tag nie einen Krieg im Namen des Buddhas gegeben.
Herat hatte, ohne mich zu unterbrechen, aufmerksam zugehört. Aber nun schüttelte er den gesenkten Kopf. „Du hast mich nicht verstanden", sagte er traurig. „Ich kämpfe nicht gegen die Notdurft, sondern gegen die Ungerechtigkeit. Sieh mich doch an. Sieht so einer aus, der nur an die Befriedigung seiner Bedürfnisse denkt? Du weißt nicht, wie viele Menschen mir ihr Leben zu verdanken haben. Auch du würdest ohne meine Hilfe längst nicht mehr hier sein. Denn damals, als die Polizei die Bauern in deiner Gegend vertrieben, weil das Land, das sie bewohnten, verkauft werden sollte, verhinderten wir gerade noch rechtzeitig die Fortsetzung dieser Maßnahme. Das hatte zur Folge, dass du in deiner Einsiedelei von einer Invasion heimatloser Bauern verschont geblieben bist. Diese wären nämlich so zahlreich geworden, dass sich ihre Hütten an deine Höhle angelehnt hätten. Übrigens beobachteten wir dich seit Jahren und wussten, dass du dort Lebensmittel unter der Bevölkerung verteiltest und eine Erste Hilfe Station eingerichtet hattest. Durch deine Unterstützung konnte ein Spielplatz für die Dorfkinder werden. Ganz zu schweigen von den Kinderfesten, den Ausflügen und sportlichen Wettkämpfen, die du organisiert und finanziert hattest. All dieses bewahrte dich, von unserer Organisation auf die gleiche Stufe all dieser religiösen Scharlatane gestellt zu werden, die das Volk nur ausbeuten. Wir hatten eine Todesliste angefertigt, von jenen, die sich im Namen der Religion am Volk bereichern. Hättest du dies alles nicht für die Bevölkerung geleistet, wärst du auch auf diese Liste gekommen. Denn als du damals plötzlich in diesem Herrenhaus auftauchtest, welches dir ein Mönch anvertraute, um daraus ein Meditationszentrum zu machen, wurden wir auf dich aufmerksam. Aber du

ließest dir nichts zu Schulden kommen und so wurdest du von uns verschont. Und doch stelltest du uns zuweilen auf eine harte Probe. Zum Beispiel hatten wir unseren Jungs erzählt, dass du ihnen bei einer Begegnung Essen und Trinken geben würdest. Aber als sie eines nachts, nachdem sie in den umliegenden Dörfern alle Ausweise der Bauern eingesammelt hatten, um somit die Identifizierung durch die Polizei zu erschweren, an deinem Haus vorbeikamen, da waren sie müde, erschöpft und gebeugt vom Gewicht ihrer schweren Maschinenpistolen und wären dir sicher für eine kleine Zuwendung sicher dankbar gewesen. Aber du hast ihnen lediglich den Weg erklärt und sie dann ziehen lassen. Und ein anderes Mal, als wir eine Ausgangssperre über das ganze Land verhängten, wagtest du es, mit deinem Motorrad in der Gegend herumzufahren. Zum Glück gehörte ich zu jener Mannschaft, welche die Straßen bewachte. Ich saß im Gebüsch, als du an uns vorüberfuhrst und bemerkte gerade noch rechtzeitig, als sich einer unserer Leute anschickte, dich mit seinem Gewehr aus dem Sattel zu schießen."

Seine Offenbarungen verschlugen mir die Sprache. Er nahm dies mit sichtlichem Vergnügen wahr und ließ eine Minute der Genugtuung verstreichen, bevor er wieder zu sprechen begann. „Es ist wahr, dass nie im Namen des Buddhas ein Krieg geführt wurde. Und doch ist unser Kampf, unser Krieg gegen die Ungerechtigkeit Ausdruck einer tief verwurzelten Sehnsucht nach Frieden, Harmonie und Freiheit, nach einem Pfad der Reinheit, wie er seit Urzeiten in unserem Blut liegt und auf seine Verwirklichung wartet. Wir sind wie die Lemminge, die aus einem uralten Instinkt heraus in die gleiche Richtung rennen. Es kommt nicht darauf an, ob wir einzig überleben oder nicht, sondern die wahre Richtung beibehalten. Nur darauf kommt es an, sowohl für uns, als auch für folgende Generationen. Wir sind der Ausdruck eines Naturgesetzes. Wir führen die Menschheit zu jenem Ausgangspunkt, zu jener Blüte der Kultur zurück, die Voraussetzung für das Erscheinen eines Buddhas ist. Und ihr, die nicht in diesen Krieg zieht, die ihr an abgelegenen Orten in Höhlen nur eure eigene Befreiung zum Ziel habt, könnt bestenfalls mit unserem Verständnis, aber nicht mit unserer Billigung rechnen. Zwar richtet ihr in eurer Harmlosigkeit keinen Schaden an, aber für die Menschheit seid ihr bedeutungslos. Ihr seid die Ausnahme. Ihr seid die Relikte einer längst verflossenen Zeit, nach der wir uns sehnen. Ihr habt von uns nichts zu befürchten. Ihr steht unter Denkmalschutz wie die Ruinen der alten Klöster und Königsstädte, die nun nicht mehr das sind, was sie einst waren. Aber sie weisen doch auf den Geist ihrer Erbauer hin, auf Freiheit und Gerechtigkeit als Grundlage einer schöpferischen Kraft, die sich einst wohltuend und segensreich über das gesamte Land ausbreitete."

Herat hatte zu Ende gesprochen. Er schwieg noch eine Weile. Und als er sah, dass ich nichts hinzuzufügen hatte, erhob er sich schwerfällig und verließ den Raum auf schwachen, abgemagerten Beinen. Er ließ mich ohne Abschied zurück, ohne sich noch einmal umzudrehen. Ebenso wie es immer seine Art war. Ich blieb noch eine Zeit lang am Tisch mit dem leeren Stuhl gegenüber sitzen. Und wenn ich mich nun frage, was an diesem Abschied mir am tiefsten in der Erinnerung blieb, dann fällt mir dieser leere Stuhl wieder ein. Ich habe noch viele Jahre später bis zu meiner Abreise in allen Städten, Dörfern und Ortschaften in der Hoffnung Ausschau gehalten, dass mir Herat noch einmal begegnen würde, dass ich ihn auch nur einmal von weitem sehen würde, allein zu wissen, dass er noch lebt. Dass er unsterblich ist.

Sinn des Lebens
von Cornelia Gutzeit

Der Sinn des Lebens ist nicht vergebens,
solang du zu dir stehst zeitlebens,
an neuen Aufgaben stets wächst,
und nicht als Egoist feststeckst.
Wenn du dein wahres Wesen kennst
und dir damit mehr Weisheit schenkst.

Unsinnig sich noch dem Guten zu verwehren,
die Neue Zeit wird Wandel auch in dir gebären!

Zu neuen Ufern kann es dich führen,
öffne bewusst auch diese inneren Türen,
um alle nächsten Ebenen zu finden
und jeden weiteren Raum zu überwinden.
Egal, wie hoch und breit auch dieser sei,
das Licht in dir macht überall dich frei.

Unsinnig sich noch dem Guten zu verwehren,
die Neue Zeit wird Wandel auch in dir gebären!

Und eines Tages schaust gelassen du zurück,
nimmst wahr all die Essenz vom echten Glück,
wohlwissend um die Wege, die du dafür gegangen bist,
wodurch in dir erst recht der Altruist herangewachsen ist,
der Menschlichkeit versteht und andere nicht vergisst.

Denn das ist der wahre Sinn des Lebens,
aus vollem Herzen SEIN niemals ist vergebens!

Seelenwärmer
von Anita Angheloiu

Wenn Einsamkeit dich umgibt,
und du den Herzschlag eines Engels hörst,
bin ich in Gedanken bei dir.
Wenn Lärm deine Gedanken in deiner Seele übertönt,
lehre ich dich,
die Stille zu hören.
Wenn Tränen aus deiner Seele fließen,
lass ich dich meinen Atemhauch
auf deiner Wange spüren,
um sie zu trocknen.
Wenn kalte Blicke deine Seele durchbohren,
wage zu träumen,
wer du in Wirklichkeit bist.
Und wenn die Farben des Regenbogens
den grauen Alltag in deiner Seele umschließen,
dann wird Licht in dein Herz kehren.

The Great Dipper

von Julia Janina Pace

Es war einmal ein Großer Bär, der tanzte liebend gern durch den Nachthimmel. Dort am Himmel traf er eine Menge anderer Leute. So lernte er zum Beispiel den Schwan kennen, den Raben – sogar die Jungfrau freundete sich mit ihm an. Der Große Bär hatte also keinen Grund, sich einsam zu fühlen und doch sehnte er sich nach Seinesgleichen. Er konnte nicht glauben, dass es am ganzen Himmel nur einen Bären gab wie ihn. Zwar hatte er auf seinen Reisen ständig andere Raubtiere getroffen, doch einen Bären traf er nie. Der Große Bär machte sich öfter und öfter auf die Suche, doch er blieb erfolglos.
Niedergeschlagen musste er auch in dieser Nacht an seinen Platz zurückkehren.
Grübelnd lag er die folgenden Nächte da und kam bald auf die Idee, sich einen eigenen Bären zu schaffen. Der Große Bär nahm sich ein paar Sterne und schob sie sich so zurecht, dass man in ihnen einen Kleinen Bären erkennen konnte.
König Kepheus und der Drache, die beiden Nachbarn des Großen Bären, staunten nicht schlecht. Während der König, inspiriert vom Werk des Bären, selbst einen Sternenhaufen sammelte, um sich eine Königin zu erschaffen, die er Kassiopeia nannte und mit Eitelkeit formte, reagierte der Drache ganz anders. Es gefiel ihm nicht, dass andere nun mehr zu haben schienen als er. Er war doch bisher der Reichste gewesen! Nun hatte er zwar noch immer all seine goldenen Äpfel, doch sie waren nicht mit dem Reichtum seiner Nachbarn zu vergleichen, denn diese hatten nun jemanden, mit dem sie sich verbunden fühlten. Das schien ihnen mehr Wert zu sein als alles Gold der Welt.
Der Drache konnte diese Wendung nicht verstehen und sah sich gezwungen, etwas zu ändern. Er schmiedete einen Plan, um dem Kleinen Bären das Leben zu vermiesen. Anfangs

versuchte der Drache, den Kleinen Bären zu verunsichern und lachte ihn aus. Er sagte dann, der Kleine Bär sähe doch gar nicht so aus wie ein echter Bär. Eine Schöpfkelle, lachte er, das passte doch schon eher zu ihm.
So wurde der Kleine Bär fortan auch von vielen genannt. Erst freute sich der fiese Drache über seinen Erfolg, doch schnell bemerkte er, dass es dem Kleinen Bären nichts ausmachte. Im Gegenteil – er freute sich sogar über den zweiten Namen! Der Drache wurde wütend und eifersüchtig. Während man ihn immer nur den Drachen nannte, konnte man den Kleinen Bären nun nicht mehr nur Kleiner Bär nennen, sondern auch noch Schöpfkelle.
Was für den Drachen jedoch noch schlimmer war, war die Tatsache, dass der Kleine Bär ihm dafür dankbar zu sein schien. Da hatte ihn sein Feind doch tatsächlich lieb gewonnen ...
In einer besonders dunklen Nacht kam dem Drachen schließlich eine Idee. Er suchte sich nun auch Sterne zusammen. Jeder Stern, der keinen festen Platz hatte, fiel seiner bösen Tat zum Opfer. Die ganze Nacht brachte er damit zu, Hunde zu erschaffen und einen Bärenhüter. Jetzt musste der Drache nur noch dafür sorgen, dass die Hunde die beiden Bären entdeckten und jagten.
Sein Plan ging auf. Er hetzte die Jagdhunde auf die Bären und diese rannten angsterfüllt davon. Sie verstanden nicht, warum man ihnen etwas Böses wollte. Plötzlich hielt der Kleine Bär inne. Er nahm all seinen Mut zusammen und fragte die Jagdhunde, warum sie denn Jagd auf ihn und seine Mutter machten. Sie könnten doch Freunde sein? Die Jagdhunde kannten keinen Grund und fragten den Bärenhüter, doch auch dieser wusste nicht recht, warum sie die beiden friedlichen Bären gejagt hatten. So kam es, dass sich die Jagdhunde mit den Bären anfreundeten und der Bärenhüter es sich zur Aufgabe machte, mit seinen Hunden die Bären zu

beschützen.
Fortan sollte ihnen kein Leid mehr angetan werden.
Der Drache konnte kaum glauben, was geschah und wurde so zornig, dass er den Kleinen Bären mit seinen Krallen zerquetschen wollte. Ehe er jedoch zu ihm gelangen konnte, wurde er vom Bärenhüter aufgehalten. Der Hüter machte ihm klar, dass es hoffnungslos war, dem Bären wehzutun. Er zeigte ihm, dass Neid und Eifersucht nur schlechte Folgen haben konnten und schaffte es, den Drachen zu besänftigen. Der Drache versuchte nicht wieder, anderen Schlechtes zu tun und die Bären waren erleichtert über den Frieden, der wieder am Nachthimmel herrschte.
Und wenn sie nicht gestorben sind, dann sieht man den Großen und den Kleinen Bären auch heute Nacht noch am Himmel tanzen.

Ende.

Abendliche Lektüre

von Renate Esselborn

Lesen: der Tod lagert unterirdisch
sicher für Jahrtausende
Lesen: als die Holzfäller kamen
umarmten Frauen die Bäume
Hölderlin lesen gegen die Angst
und nichts versteh'n

Den Tod notieren
und heilsgewiss widerlegen
Sätze Gesetze Hypothesen
widersprechende Ansichten
Aussichten keine
Johann Sebastian hören

Wünsche schwimmen
in die Zukunft, wie Fische
deren Flossen abgefault.
Wir basteln friedlich
an Raketen und Bomben
unsere Kinder werden
davon zu spät erfahren.

Der bunte Lebensteppich
von Sieglinde Seiler

Dein Leben liegt in den reiferen Jahren
wie ein bunt gewebter Teppich vor Dir.
Du siehst Dein Glück, Deine Freuden,
als des Teppichmusters farbige Zier.

Mitunter haben Dir schwerere Zeiten
Deines Lebens zu schaffen gemacht.
Dafür stehen die sehr dunklen Stellen,
schwarzgrundig, finster wie die Nacht.

Stellenweise wirkt das Teppichmuster
des Lebensteppichs übersichtlich, klar,
so strukturiert wie es in Deinem Leben
über lange Strecken auch für Dich war.

Dein Lebensweg hatte manche Kurve,
denn zum Ziel geht es nicht geradeaus.
Dafür stehen die Rocaillen im Teppich.
Umwege belasteten Dein Seelenhaus.

Vielleicht bist Du auf der Stelle getreten.
Dafür stehen große Punkte und Flecken.
Du musstest von neuem Anlauf nehmen.
Der brachte gangbare gerade Strecken.

Mit zunehmenden Alter blickst auch Du
vielleicht auf Dein gelebtes Leben zurück.
Du wirst Dich dann wohl darüber freuen,
dass Dich meistens begleitete das Glück.

Doch wie bei einem bunten Wollteppich
Fäden und Farben ein Muster ergeben,
genauso ist es mit den Schattenseiten,
die plötzlich durchkreuzen unser Leben.

Vielleicht hilft es Dir, sie zu akzeptieren.
Nicht alles haben wir selbst in der Hand.
Hast Du den Sinn des Lebens gefunden,
des Lebens beglückendes Unterpfand?

Die Frage

von Renate Düpmann

Die Luft ist vollgesogen mit den Gerüchen des Meeres. Ein Rauschen und ein ganz leichtes Plätschern vereinen sich. Seevögel sind zu hören und zu sehen.

Die Gedanken schweifen weit hinaus. Das Alltägliche verschwindet hinter dem Horizont.

Wie aus den Tiefen des Meeres tauchen Gedanken über den Sinn des Lebens und des Daseins, bedrängend wichtig, auf.

Habe ich eine Antwort oder unzählige?

Der Blick fällt auf meine Füße im Sand. Wie viele kleine einzelne Sandkörnchen ergeben eine Hand voll?

Ich lasse den Sand durch meine Finger rieseln und die Antwort auf meine Frage rieselt langsam mit zur Erde.

Der Eselkuss

von Dietrich Wilhelm Grobe

Ein Esel, namens Asinus,
gab seiner Frau, der Asina,
ganz unvermittelt einen Kuss.
Nun stand sie nicht verdattert da –
und doch war's ihr nicht angenehm!
Statt eines Dankes fragt sie schlicht:
„Wen küsstest du noch außerdem?
Da Küssen deine Stärke nicht,
du heimkämest spät in der Nacht,
auch röchest so nach fremdem Stall –
wen hast du Esel heimgebracht,
vielleicht nach einem Eselball?"
Da stottert Meister Asinus:
„Die Maultierfrau der Nachbarweide
bedacht' ich nicht mit einem Kuss –
sie klagte, dass sie stets so leide,
ein echter Esel nicht zu sein!
Ich hörte zu und sprach ihr Trost,
reicht' ihr mein rechtes Vorderbein –
doch hab' ich niemals sie liebkost!"
Die Asina, als kluge Frau,
schalt ihren Mann nicht, macht sich fein,
schritt langsam zu der Nachbarau.

Lud höflich dann das Maultier ein
zu Distelspeise - dies war schlau:
sie wollt' Gewinnerin doch sein!
Das Maultier kam, etwas bedrückt,
schaut an dem Eselmann vorbei,
war von den Disteln nicht beglückt –
das Essen schien ihr Plackerei!
Frau Asina, sie plaudert munter:
„Mein Mann isst nur die Götterspeise –
wie leicht schluckt man dergleichen 'runter
Das ist so uns're Lebensweise!
Wer mit dem Eselmann verbunden,
muss hartes Brot sich angewöhnen!
Ich sage ihnen unverwunden:
Wir Frauen sollten uns versöhnen –
ein jeder bleibt auf seiner Weide!
Wenn auch kein Pferdeahn vorhanden –
für uns kein Grund, dass Frau so leide!
Als Asinus und ich uns banden,
da wussten wir: im Eselreich
sind viel Provinzen - doch wie fein,
wenn stets zusammen gleich und gleich –
so soll, so muss es immer sein!
Als Nachbarin - mit Maul und ohne,
halt' man sich an die Eselfrau:

Kratzdisteln gibt es dann zum Lohne
aus eigenem Gemüsebau!
Und sind Probleme zu verkraften –
von Frau zu Frau trägt's leichter sich;
bei Männern mischen Leidenschaften
beim Trösten mit - nicht förderlich
der Nachbarin, die hinter'm Zaun
ihr Selbstbewusstsein möcht' bewegen!
Hat es geschmeckt? Auf Wiederschau'n –
– und bei dem Heimweg Esels Segen!"
Das Maultier mault - und Asinus
gibt seiner Frau, mehr schlecht als recht,
den sehr verdienten Herzenskuss.
Sie murmelt dankbar: „Der war echt!"

Schlaflos

von Renate Blume

Wenn ich nachts nicht schlafen kann
Denk' ich an Dich.
Schaue ich den Himmel an
Denk' ich an Dich.
Ich denke an Dich immerzu
Und finde selten meine Ruh.
Am meisten leide ich daran,
Dass ich Dir nichts mehr sagen kann.
Wie Schatten seh' ich Dein Gesicht
Und denk' an Dich!

Sonett
von Renate Esselborn

Wir träumen noch von Rosen und von Ruhe,
dass uns das Leben dauernd Gutes tue,
es reime Glück auf Menschsein sich
und alle Dinge ringsherum auf unser Ich.

Geheimnis webe sacht und bleibe uns geheuer,
wohlige Wärme sei, nicht zehrend, jedes Feuer,
und Wohlstand sei der Wüsten wahrer Kern,
was sonst sie ausmacht, sei uns gnädig fern.

Wir sehen diese Erde langsam sterben,
wer uns beerbt, wird nichts mehr erben.
Es hat sich längst schon angebahnt

wir haben gründlich abgesahnt,
räkeln uns wohlig und gähnen fett,
sprecht uns nicht schuldig, seid so nett.

Tiefsinn oder Unsinn

von Dieter Esselborn

Der Verstand ist Logik – Logik ist im Grunde Unzufriedenheit. Selbst wenn Logiker sich einig sind, sind sie sich nur darin einig, nicht einig zu sein. Ihr Grundsatz ist Kritik. -
Zen-Meister stellen ihren Schülern gern die Aufgabe: Meditiere über *das Klatschen der einen Hand*. Ent-sinnt euch!!

Macht es dann Sinn
über Sinn zu reden,
über Sinn zu schreiben,
über Sinn zu streiten?

Parteipolitik, Gesetze, Steuern, öffentliche Bauprojekte nennen wir oft sinnlos. Wahnsinn, Blödsinn, Unsinn und ereifern uns. Das Ego meldet sich, die eigene Erfahrung, das Wissen, die Einsicht. Die Gewissheit?
Wir meinen ganz gewiss zu sein, den Sinn erkannt, verstanden zu haben. Aber gibt es überhaupt einen für alle verbindlichen, höheren Sinn des Lebens? Dann müsste es eine Art Gottesdienst sein. Ist es das nicht, muss jeder seinem Leben selber einen Sinn geben.
Und dann das: Die Quantenphysik behauptet, ein Teilchen kann **gleichzeitig** an zwei unterschiedlichen Orten sein. Macht das Sinn??? Die Wissenschaft behauptet es. Mir schwinden die Sinne.
Hört sich an, als stünde der Fressnapf von 'Monpascha', meinem Hund, und er hat nur einen, gleichzeitig rechts **und** links neben seinem Körbchen. - Der arme Kerl bekäm' die Krise.
Macht es Sinn, dass die klügsten Köpfe der Spezies Mensch seit Jahrtausenden nach dem Sinn des Lebens suchen? Ist das nicht sinnlose Vergeudung des Lebens? - Macht das Sinn?
Alles ist Maya – alles Illusion.
Oder wie sangen die Beatles: Let it be!

Gesammelte Leidenschaft
von Renate Düpmann

Ich kann`s nicht lassen,
die vielen Sachen,
die niemand mehr braucht.
Ich bin wie berauscht.

Ich brauche sie auch nicht.
Der Kampf in mir ficht.
Was soll ich nur machen,
die vielen Dinge,
Töpfe, Puppen und Ringe.
Sie erzählen Geschichten
aus früheren Zeiten,
von anderen Seiten,
die das Leben beschrieb.

Dann sehe ich ihn.
Er ist nicht mehr heil,
schon gar nicht mehr jung,
doch mich macht er stumm.
Für mich hat er Charme
und blickt ganz warm.
Er will mir was sagen,
ich muss ihn nicht fragen.

Ich höre die Geschichte
vom spielenden Kind.
Vom Trost, den er spendet
und mir jetzt sendet.
Ich nehme ihn mit heim.
Ich fühle mich ganz rein.
Mein Herz ist nicht schwer.
Ich habe jetzt noch einen Bär
... mehr.

Die Asphalt-Cowboys

von Maria Edith Ropeter

Die Welt und auch unsere Stadt Göttingen - und die Umgebung - ist eine große Bühne.
Feierlichkeiten und Events am laufenden Band, jeden Tag „ist etwas los“. Die Medien berichten von interessanten Ereignissen.
Mehr noch als über Spaß und Spiel und Vergnügen darf man sich über etwas freuen, was im Flecken Bovenden geschah.
Im August 2016 begann es und um den 10. / 13. Juni 2017 kam es zu einem guten Ende.
Die Untere Straße und die Zehntenstraße lagen nun für viele Monate in den Händen von sehr fleißigen Straßen-Bau-Teams, Meister ihres Fachs, und die Anwohner erlebten, wie Straßen aufgebuddelt werden. Natürlich gab es auch Lärm und Staub. Was haben die fleißigen Männer alles ans Tageslicht befördert, marode Rohre, riesige Betonklötze, die dort unten jahrzehntelang gelagert hatten. Tag für Tag sahen die Menschen, dass das, was der Straßenbelag verdeckte, porös und dringend erneuerungsbedürftig war.
Unermüdlich arbeitete der Vorarbeiter mit seinen Facharbeitern, bei Wind und Wetter. Im Winter war es fast zu kalt, um zu arbeiten, im Sommer manchmal tropisch heiß. Sie hielten durch. Auch bei Nieselregen.
Die Asphalt-Cowboys scheuten weder Hitze, Feuchtigkeit noch Kältegrade. Von morgens zeitig bis abends verrichteten sie ihre Arbeit auf der Straße, das ist mühselig, anstrengend - Schwerstarbeit.

Kompakte Baumaschinen aller Art standen auf den Straßen, und an Junitagen 2017 rollten jene Spezialwagen heran, die die neue Asphaltdecke auf die Untere Straße und die Zehntenstraße verlegten. Es war ein Wunder, was die tüchtigen

Männer vollbrachten. Aus improvisierten Wegen voller Sand und Kies - echte Stolperfallen - machten sie mit ihrer handwerklichen Kunst zwei perfekte Straßen, auf denen nun neuer schwarzer Asphalt glänzte.
Bevor die Maschinen die heiße schwarze Masse ausgossen, hatten die Facharbeiter lange Gummischläuche an den Bordsteinen entlang gelegt, mit Bedacht, dass nichts von der Masse auf den Fußwegen liegen würde. Ich sah es zufällig, wie nach dem Gießen bzw. Festwerden der Masse die Schutzschläuche leicht herausgezogen werden konnten.
Ich habe es miterlebt, wie neue Straßen entstehen. Schon einmal erlebte ich etwas Ähnliches, nur in viel kleinerem Maße; als in Holtensen - bevor zwei neue Häuser gebaut werden konnten - zuerst tiefe Gräben ausgeschachtet werden mussten, damit Rohre verlegt werden konnten.
„Kanalbau" - so geschehen im Sommer 1968. Spatenstich um Spatenstich haben das Männer der Familien Ropeter, Volkmer und Brusdeylins mit ihren fleißigen Händen geschafft.

Danke sage ich und andere Nachbarn für beste Arbeit und 2 neue Straßen.

Kleiner Zeitensprung
von Renate Esselborn

Ich sammelte Kräuter im Paläolithikum,
war matriarchalisch, stand dem Hause vor stolz,
war Etruskerin, Römerin, Keltin einst, war Fürstin,
Magd und Kokotte, Missionarin in China,
untröstliche Mutter heldenhaft gefallener Söhne.

Ich tippe manuell und elektronisch,
bin computerisiert, emanzipiert, sterilisiert,
sehe das Schrumpfen der Wälder, sterbende Meere,
den Aufrüstungswettlauf für kommende Kriege.

Das Gestrige kreist mir im Blut, bin müde
des ewigen Strudelns der haltlosen Zeit,
der Fähren zum Mond und Sonden zum Mars,
des Lärmens und Lügens in Lebensnähe,
des Hechelns nach Dasein in Saus und Braus.

Das rülpst genüsslich, während andere hungern,
muss unaufhörlich mehr und mehr erlungern,
mehr geräucherten Schinken, elektrische Messer.
Wird so, was heute nicht gut ist, morgen besser?

Zurechtgeputzt

von Gunda Haeber

Neulich gab es im Fernsehen eine Sendung, bei der Frauen und Männer, die mit sich und ihrem Äußeren nicht mehr zufrieden sind, aufgemöbelt wurden.
Da stand also eine etwa 30jährige ganz normal aussehende Frau in Jeans, rosa Pullover mit bunt abstrakter Vorderseite, die Haare lang strähnig herunter hängend, mit einem undefinierbaren Rot aufgemuntert. Sie war Angestellte in einer Firma - deren Namen der Werbung wegen nicht genannt wurde - und wollte „businesslike“ werden.
Man zog ihr einen mittelbraunen beigegestreiften Hosenanzug an, schlang ihr, weil sie rosa liebt, einen entsprechenden langen, wolligen Schal um den Hals und veranlasste sie, darin zu schreiten. Zunächst weigerte sie sich wegen der zu hohen Absätze der Schuhe: „So etwas habe ich noch nie getragen.“ Nachdem man ihr aber klar gemacht hatte, dass zu solch einem Anzug unbedingt ein hochhackiger Schuh sein müsste, stolzierte sie los. „Weshalb marschieren Sie so gehemmt“, wurde sie gefragt. „Locker, locker - so beeindrucken Sie die männliche Konkurrenz nicht!“ Sie schaffte es, indem sie, wie die Herren der Schöpfung das immer tun, die rechte Hand in die Hosentasche steckte.

Dann kam das heute gängige Outfit dran. Schwarze Strumpfhose mit halbhohen Stiefeletten. Der giftgrüne Rock erreichte das Knie nicht. Dazu gab es ein etwas hellfarbigeres Shirt und ein Jäckchen mit einem großen Knopf unter dem Busen geschlossen, ansonsten auseinander klaffend, dass man den Eindruck hatte, es wäre zu eng für die Trägerin. Ihr gefiel das offensichtlich.
Der Höhepunkt „Abendgarderobe“! Sie verschwand zunächst bei einer „Hair-Künstlerin“, wurde mit Kosmetik versorgt und

mit einem dunkel-lila Kleid garniert. Das Kleid war rückenfrei und ärmellos. Der Ausschnitt reichte bis zum Nabel und unten bewegte sich faltenreich ein leichtes Hin und Her.
Die Haare hingen zwar wieder runter, schimmerten aber silbern - bei mir macht Mutter Natur das, ohne dass ich es möchte. Die angebliche Blässe war mit Rouge überdeckt und die türkisblauen Augen schwarz eingerahmt. Verständlich, dass sie ziemlich erschreckt in ihr Spiegelbild guckte. Ich hatte den Eindruck, dass sie sich zwar schick fand, sich aber nicht sicher war, ob sie so auch ihrem Torsten gefallen wird.

Den hatte das Fernsehen in ein „Schickeria-Restaurant“ beordert und ihm beigebracht, bei ihrem Auftauchen erstaunt lächelnd „Oh, ich hätte dich fast nicht erkannt“ zu flüstern. Er tat das und küsste sie regiegemäß. Er sah aber keineswegs glückselig aus. Vielleicht war ihm bewusst geworden, dass von seiner nunmehr businessliken Frau in Zukunft für diese aufwendige Prozedur auch sein Geldbeutel in Mitleidenschaft gezogen werden würde.
So ein Schiet!

Luise ist auf den Hund gekommen
von Bruna Häcker

Sie hat den Hund Otto, einen Straßenköter aus Spanien,
im Tierheim sitzend, adoptiert.
War es Mitleid, Tierliebe, Einsamkeitsverhinderung?
Sie weiß es nicht mehr.

Luise spürt seine Launen.
Er verwüstet ihre Wohnung,
zieht an der Leine,
macht Pipi auf den Teppich und verbellt die Nachbarn.
Sie ist ratlos.
Er ist zu viel für sie.
Dann kommt der Tag, an dem sie über ihn stolpert und hinfällt.
Luise liegt wimmernd auf dem Boden,
kann sich nicht mehr aufrichten,
riecht Ottos Duft auf dem Teppich und weint.

Das Untier umkreist sie schwanzwedelnd,
leckt ihr das Gesicht ab,
springt auf das Fensterbrett
und bellt die ganze Gasse zusammen.
Der Hausmeister betritt mit dem Notschlüssel die Wohnung.
Der Hund kommt freudig angelaufen,
zeigt ihm die Situation.
Luise wird ins Krankenhaus gebracht.
Der Köter Otto kommt wieder ins Tierheim.
Er trauert und mag nicht mehr fressen.
Sein Fell wird fad,
die Augen müde.
Er bellt nicht mehr.

Bis zu dem Tag an dem Luise mit Krücken und einem
Gipsbein
ins Tierheim kommt, um Otto abzuholen.
Der Hund ist außer sich vor Freude und heult.
Luise weint!
Sie hat ihren treuen Freund wieder.

Nächtliche Besucherinnen

von Renate Esselborn

Nicht im Schlaf wollte ich schlafen,
wie wir im Wachen schliefen,
so seltsam an uns vorbei, inmitten unseres Schmucks,
unserer Kochlöffel, unserer Kinder und Lieben,
während die Wände uns umklammert halten,
nur unsere Wünsche sperrangelweit.
Jeden Tag müssen wir uns von Neuem beweisen,
dass wir das Haus noch verlassen
oder freiwillig drin bleiben können, schlafwandelnde
Hüterinnen eines Reiches, das wir schlechten Gewissens
bakterienfrei und porentief rein halten, beleuchtet
von unserem makellosen Werbelächeln.
Plötzlich kommt ihr alle zugleich mit wachen, suchenden Augen,
zu einer, die Fragen liebt, und vorschnell antwortet.
Ihr kommt, behangen mit Kindern, Ketten, in Hektik:
Für ein Stündchen nur, einen Augenblick,
Taschen unter den Arm geklemmt, Malblock, Stricknadeln,
Schreibutensilien. Die Wolle unserer Träume ribbelt auf,
Bilder springen dem Bleistift entgegen, Stethoskop
erhorcht die Gefühle, immer lästig in dem Moment,
in dem sie unbeirrt nach außen drängen.
Gefühle, Erwartungen, Ideen für ein Leben,
aus eigenem Ansporn von uns selbst gestaltet.
Davon träum ich, wenn Ihr gegangen seid,
öffne mein Sudelbuch in der Nacht,
und mein Herz, damit die Worte nicht
zunichte machen: Hoffnung, die sie berühren.

Vom Anstrich des Intellekts und anderem Gelaber

von Annette Glanzer-Fischer

Wer kennt sie nicht, die ewigen Schimpfer und Nörgler, die Besserwisser, die es doch nur ach so gut meinen mit ihren Kommentaren und die das schließlich auch dürfen, ist ihnen doch, so sind sie zumindest selbst überzeugt, der Auftrag mitgegeben, die Welt von ihrer vermeintlichen Schlichtheit zu befreien. So wollen sie missionieren, bekehren, endlich das Heil bringend, mit seltsamer Zerstörungswut. Sie schaffen nichts Eigenes, nichts Wirkliches, sondern stürzen sich stets voll Begeisterung auf Bestehendes anderer, dass man ja dringend auseinander nehmen müsse, dass ja kein Anrecht auf Existenz hätte, wäre es ja grundfalsch, grundverkehrt, überkommen, veraltet, zu modern, zu anders, wie sie zu wissen glauben. Dabei gehen sie brutal vor, spucken dem Gegenüber ins verwirrte Gesicht, haben weder Respekt noch gar Achtung vor der Andersartigkeit, vor der Vielfalt, vor der Freude an der Sache, die besagtes Gegenüber mitbringen mögen, nein, sie trampeln über Leichen, bringen sie doch die Rettung, sind sie doch die Erlöser, die alle Antworten haben, ja Götter, vor denen man gefälligst auf die Knie fallen möge, die man anzubeten habe, dankbar. Schließlich scheinen sie doch ihre Rolle als Reiter der Apokalypse recht ernst zu nehmen, sind überzeugt, die Wahrheit, die einzige Wahrheit zu vertreten und unters undankbare weil ach so bildungsresistente Volk bringen zu müssen. So zerstören sie Bestehendes, ohne Neues damit aufbauen zu können, ohne Konstruktives damit leisten zu wollen, ohne nur den kleinsten Gedanken an ein Danach und wie es wohl weitergehen soll zu verschwenden.

Doch es sei ihnen gesagt, es sei ihnen ins Schulheft geschrieben, dass ihr gegeiferter Anstrich von Intellekt durchschaut ist, ihre geheuchelte Lauterkeit, dass niemand sie braucht,

jene Kritiker, die aus lauter Tollheit ihr Gegenüber ermorden, um es zu retten, hatten wir doch schon, „kill the Indian and save the man“, die von konstruktivem Anreiz meilenweit entfernt alle Menschenwürde missachtend blindwütig um sich schlagen und treffen wollen, einfach nur treffen, egal, wie und wo. Es sei ihnen gesagt, dass sie entlarvt ist, die gespielte Rebellion, dass sie diesen Kampf nicht gewinnen können, dass ihr Geifer nicht treffen kann, nein, dass ihre Wut nicht nötig ist, gar nicht, nein, denn es bringt nichts, nein, gar nichts, wieso auch.
Ist doch so viel Platz da, so viel Platz, für alle, alle, auch für die anderen, heißt es doch auch „it takes all sorts“ …

Wagemutig
von Sieglinde Seiler

Wagemutig halte ich das riskante Unterfangen,
aus der Stratosphäre auf die Erde zu gelangen,
nur gesichert vom Fallschirm auf dem Rücken,
kann solch ein gewagter Sprung denn glücken?

Vor dem Sprung habe ich berechtigte Zweifel –
wenn ich an den Plan des Österreichers denke
und ihm mit seinem waghalsigen Unternehmen
meine Sorge und die Aufmerksamkeit schenke.

Schließlich wird wegen des schlechten Wetters
verschoben der lange Zeit vorbereitete Sprung.
„Wie kann er sich bloß in das Risiko begeben?“,
frage ich mich – dieser Mann ist noch blutjung!

Dann steht Felix Baumgartner auf der Plattform,
allein von der Dunkelheit des Weltalls umgeben.
Sein Blick zur Erde – der Absprung steht bevor –
ob er Todesangst verspürt, betet um sein Leben?

Warum hält ihn keiner von dem heiklen Plan ab?
Man lässt ihn gewähren – der Sprung findet statt.
Er gerät ins Trudeln – die Welt hält den Atem an,
im Wissen, dass das lebensfeindliche Tücken hat.

Baumgartner fängt sich plötzlich – Gott sei Dank! –
und kommt wohlbehalten wieder auf der Erde an.
Hat sein Leben jetzt einen anderen Stellenwert
oder würde er wieder verfolgen wollen den Plan?

Die Krautwickel - Kohlrouladen - Involtini - Story

von Maria Edith Ropeter

Viele Namen gibt es für die leckere herzhafte nahrhafte beliebte Speise, eine gute Hausmannskost. Wie heißen sie in Polen, Russland, Frankreich? Die Italiener nennen sie Involtini, hier ist es eine Fleischspeise, unseren Rouladen ähnlich, der Name ist passend, denn *es* wird etwas aufgerollt. Selbstverständlich kann man Fleisch und Fisch verwenden. Den beliebten Wirsingkohl sowieso, dennoch andere Freunde schwören auf Weißkohl.

Zwei appetitliche Kohlrouladen standen auf der untersten Stufe meiner Treppe, nett angerichtet mit Soße und einem Kloß; der Grund: mich hatte eine Erkältung krank und schwach gemacht. Mit den saftigen Kohlrouladen würde ich schnell gesunden.*

Es gibt zig Rezepte, wie man die Krautwickel zubereiten kann, mit meinem Cousin in Leipzig hatte ich ein lebhaftes Gespräch, als er zu Besuch in Holtensen weilte. „Was willst du essen?“, fragte ich ihn jedes Mal, denn Herbert war speziell, sonst ein hilfsbereiter Mann, aber er hatte in allen Dingen seinen eigenen Kopf.
Mit der Regierung war er nicht einverstanden, dazu muss man sagen: mit keiner Regierung. Lauthals schimpfte er und äußerte seine direkte unfreundliche Meinung. Ich sagte: „Wenn du etwas verändern willst, warum trittst du keiner Partei bei, dort kannst du diskutieren und etwas bewirken.“ Das kam für Herbert nicht in Frage.
Nun sollte ich Krautwickel für Herbert kochen. Er erklärte mir viele Male, wie sie es in Leipzig hielten!
„Die Krautwickel müssen zweimal gebraten werden. Zuerst die innere Füllung, und danach, wenn Gehacktes und

Krautblätter zusammen gefügt sind, noch ein zweites Mal von außen."
Meine Mutter machte auch hervorragende Krautwickel. Sie wurden sorgfältig zubereitet, gefüllt, von außen in der Pfanne gebraten und im Bräter geschmort.
Was die innere Füllung anbetrifft, gibt es viele Möglichkeiten. Die Vegetarier füllen mit Gurken, Tomaten, Zwiebeln und Möhren; die Fleisch- und Fischesser wählen diverse Varianten.

Immer, das steht fest, sind die Krautwickel – Kohlrouladen – Involtini eine Bereicherung des Speiseplans und eine **Freude** für den Genießer.
Guten Appetit

*PS: Die leckeren Krautwickel-Kohlrouladen (mit Wirsing, das mag ich!) zeigten eine hervorragende Heilwirkung. Nachts um 3 ging ich in die Küche und aß mit bestem Appetit eine Hälfte kalt, die Waffel, die der Geber dazu gelegt hatte, verspeise ich morgen. Tausend Dank.

Zu lesen in einem Göttinger Geschäft. Wo – das bleibt ein Geheimnis:
Weg mit dem Rezept!
Ich bin Bäcker und kein Apotheker!

Ein Neubeginn
von Renate Blume

Ich sah das Leben, das wir hatten,
mit Zweifeln, Kummer, Licht und Schatten
und auch mit so viel schönen Stunden,
die man gedankenlos empfunden.

Lass ruhen die Vergangenheit,
halt´ für das Neue dich bereit!
Mit Optimismus und Vertrauen
will ich in die Zukunft schauen.

Doch wird mein Weg einst mühsam sein,
dann lass mich nicht so lang allein
und hole mich recht bald zu dir,
das wünsch´ ich mir.

Was Mops Carl-Otto am 7. Oktober 2016 erlebte

von Maria Edith Ropeter

Dass etwas anders war als sonst, fühlte Carl-Otto schon mogens um 6 Uhr, als er erwachte.
Unruhe lag im Haus, Gäste waren am Vortag eingetroffen. Alle Gästezimmer waren belegt. Trotzdem - das Frühstück gab es pünktlich und Herrchen und Frauchen waren heute besonders liebevoll zu Carl-Otto und sie waren festlich gekleidet. Carl-Otto trug sein bestes Halsband. Er erzählt:
„Mit einem eleganten schwarzen Wagen fuhren wir in die Stadt zum historischen Alten Rathaus. Dort gab es einen Sektempfang für Gäste, Kollegen und Freunde. Frauchen und Herrchen verschwanden dann in einem antik eingerichteten Büro. Wie ich hörte, wurden ernsthafte Reden geschwungen. Herrchen hat einen interessanten Beruf und in seinem Büro wird sowieso viel gesprochen, diskutiert und telefoniert. Aber heute schien etwas anders zu sein. Das werde ich erschnuppern!
Endlich öffnete sich die dunkelbraune Tür, Frauchen und Herrchen und Freunde kamen strahlend heraus. „Jetzt können wir Gassi gehen", dachte ich. Frauchen und Herrchen stießen heiter mit Freunden und Verwandten mit Sekt an und endlich ging es an die frische Luft. Nun mussten wir die 10 Stufen der Treppe am Alten Rathaus hinuntersteigen, aber hallo, Frauchen und Herrchen gingen mutig durch ein Spalier hochgestellter Säbel. Das schienen Freunde zu sein, andere Mädchen und Jungen ließen rote Herzluftballons schweben. Es gab viele Blumen. Es war fantastisch. Bald waren wir die Stufen hinuntergeklettert. So ein Rummel auf dem Marktplatz! Frauchen und Herrchen grüßten nach allen Seiten, lachten und winkten. Einige von den vielen Bekannten umarmten sie herzlich. Es gab Küsse am laufenden Band.
Frauchen und Herrchen bekamen nun 2 kleine Scheren. Ich

merkte, dass meine Leine von Frau Swantje gehalten wurde. Trotzdem sah ich genau, was gegenüber los war. Frauchen und Herrchen schnitten aus einem weißen Tuch, auf das man eine Tür aufgemalt hatte, die Tür aus. Wozu denn das? Unten hatte jemand netterweise sogar mein Bild auf die Tischdecke gemalt. Das gefiel mir. Als Frauchen und Herrchen die Tür ausgeschnitten hatten, brach großer Jubel aus, denn Herrchen nahm Frauchen auf den Arm und trug sie auf Händen über die Schwelle ins neue Haus hinein. Das war eine Freude. Frauchen und Herrchen umarmten und küssten sich. Händeschütteln rechts und links - aber endlich stiegen Frauchen und Herrchen in den schwarzen eleganten Wagen ein, der auf dem Markplatz gewartet hatte und jetzt fuhren sie ab. Die Gäste winkten, applaudierten und alle plauderten durcheinander. Jemand sagte: „Was man alles tun muss, wenn man heiratet! Manche müssen einen Baumstamm durchsägen." - Eine Frau rief: „Das wurde auch mal Zeit!"
Der 7. Oktober 2016 war ein gesegneter Tag, den niemand vergessen wird. So habe ich ihn, Carl-Otto, heute erlebt und ich bin genauso froh, wie Frauchen und Herrchen. Nun sind wir Drei glücklich verheiratet. Göttingen ist eine schöne Stadt, und hier wohnen viele nette Leute."
Sieben Engel beschützten die Hochzeitsgesellschaft, die Sonne schien und kein Regentropfen fiel vom Himmel. Es hätte nicht besser sein können. *Viel Glück!*

Schlaflos
von Renate Düpmann

Das Fenster weit offen,
die Nacht schleicht herein.
Sie trifft auf das Hoffen,
die quälende Pein
der schmerzenden Sehnsucht,
deren Name „ Allein“

Das Hoffen vereint sich
mit dem Dunkel der Nacht,
die Sehnsucht schließt das Fenster
und erbittet sich vom Morgen,
dass wenn er erwacht,
mit seinem hellen Licht
der Schmerz erlischt.

Lebenswind
von Anita Angheloiu

Getragen
durch das Heute.
Dem Klimawandel begegnet,
das Gesicht der Erde verliert sein Lächeln,
und Eisberge schmelzen.
Durch Europa,
Hoffnungsträger für Menschen aus Krisengebieten.
Die Hoffnung jedoch aus den Seelen
vom Winde verweht,
im Kosmos verglüht.
Reformen - Gegenwind.
Durch Selbstliebe und Egoismus
werden Wunsch und Sehnsucht erstickt.
Weiße Fahnen werden gehisst
auf der Suche nach Frieden,
in Orkanböen umhergewirbelt,
inmitten von Dornengestrüpp
durchtrennt.
In den Morgen geschleudert
und Vertrautes zurückgelassen.
Träume auf dem Weg einfangen.

Es gibt sie.
Heute.

Meine coole Tat

von Tanja Brüning

Ich heiße Tanja, bin 10 Jahre alt und möchte euch heute von meiner coolen Tat erzählen, die ich vor zwei Tagen angestellt habe.

Mein Vater war nun endlich fertig geworden mit dem neuen Anstrich meines Kinderzimmers und freute sich riesig über sein vollbrachtes Werk. Auf Anhieb habe ich mein neues Kinderzimmer ganz toll gefunden und spielte deshalb sofort mit meinen Legosteinen drei Stunden lang auf dem Teppichboden. Nun war es schon sehr spät geworden und meine Eltern gingen deshalb schlafen. Nur ich wollte noch nicht schlafen gehen und spielte deshalb weiter mit meinen Legosteinen, holte mir andere Kisten mit Legosteinen hervor und spielte so vor mich hin, als ich plötzlich in der Ecke die Farbe und den Pinsel meines Vaters entdeckte. Er hatte sie vergessen wegzuräumen. Sofort holte ich mir die Farbe und den Pinsel aus der Ecke hervor, öffnete den Deckel der Farbe und begann, meine Kiefernschrankwand in Grün anzustreichen.

Es machte mir richtig Spaß, dieses helle Holz in grünes Holz zu verändern. Es sah einfach spitze aus, mir gefiel mein gestrichenes Werk.

Weil es so nach Farbe gerochen hatte, musste ich die Nacht im Wohnzimmer auf dem Sofa verbringen.

Gegen Morgen wurde ich durch lautes Brüllen meines Vaters aufgeweckt.

Er sagte zu meiner Mutter, komm mal schnell her, so etwas hast du noch nicht gesehen.

Meine Mutter lief ins Kinderzimmer und bekam vor lauter Entsetzen gar nicht mehr den Mund zu.

„Der schöne Schrank“, hörte ich sie nur sagen, „was hat denn Tanja da schon wieder für einen Unsinn angestellt ...“

„Das kann man wohl sagen", erwiderte mein Vater.
Im gleichen Augenblick kam ich ins Kinderzimmer, sagte brav „Guten Morgen" und wurde überraschend ausgeschimpft.
Was ich denn da in der Nacht für ein Werk vollbracht hätte, wollte mein Vater wissen.
Daraufhin antwortete ich sofort: „Sieht der Schrank denn nicht richtig cool aus, mir gefällt er so besser."
Über Geschmack lässt sich allerdings streiten, meinten meine Eltern.
Nach zwei Stunden hatten sie sich wieder beruhigt und fanden mittlerweile meine coole Tat auch gar nicht mehr so schlecht.
P.S. Wenn mein Vater mein Kinderzimmer mal wieder in eine andere Farbe streichen wird, werde ich natürlich wieder in einer coolen Nachtaktion „Unsinn" anstellen und meine Kiefernschrankwand in eine andere Farbe verändern. - Wie gut, dass er das noch nicht weiß.

Enttäuscht!
von Brigitte Schaefer

Schwindel befällt mich,
Schwankendes Sein.
Enttäuschung erfahren,
Vertrauen gebrochen.

Verständnis verloren,
Brausend die Sinne.
Ein Wort nur: **Warum**?

Nerven zittern
wie Seile im Sturm,
fröhliche Seele –
jetzt tosend Orkan.

Die Lage verbessern
mit listigem Streben,
wenn Hände geboten?

Ob Lot des Vergessens,
nach Klärung wohl reicht?
Vorsicht geboten,
Mistrauen bleibt.

Betrug folgen Lügen
im Knäuel verstrickt,
der Krug geht zum Brunnen,
bis er mal bricht.

Graue Wolken
am zielstrebend Himmel.
Trennung vonnöten.

Schade! Kündigung!

Sinn und Unsinn

von Brigitte Lehmann

Was soll das: Unsinn? Wer macht denn so etwas und steht noch dazu, was für eine Sinnlosigkeit.
Das Leben verlangt von uns Sinnlichkeit. Eine Vielzahl, vom kleinsten Kind bis zur Uroma, erwartet ein ehrliches und fleißiges Umgehen. Ach, es ist eben so. Schon früh im Bett erstes Nachdenken und Sinnen, was bringt der Tag, was ist zu tun? Duschen, anziehen, frühstücken und sinnen, was machst du zuerst? Einkaufen ist wichtig, Immer fehlt etwas, wurde vergessen. Ja, mit *Sinnen* hätte man besser aufgepasst. Heute bekommen wir Besuch von Verwandten, auf den wir schon lange warten. Alles über das Erlebte wurde erzählt. Über Reisen, Krankheit und auch mancher Unsinn wurde nicht ausgelassen. Schließlich treffen wir uns nicht sehr oft. Also, die Tage sinnlich genießen.
Einen Blick hinaus, was macht das Wetter? Mal besinnen, warm Anziehen oder lieber hinter dem Ofen sitzen? Nein, ein solcher Unsinn fehlt gerade noch. Eine Vielzahl über sensible Nervenfasern über das *Sinnen* und *Unsinnen* hab ich einmal gelesen.
Also weiter so, nachdenken, aufpassen und freundlich mit der Sinnlichkeit glücklich durch das Leben gehen.

Kalle und das verlorene Patriarchat

von Arno Werth

Kalles Leben hat ganz bestimmte Strukturen. Morgens steht er, nachdem er im Bett die 7 Uhr 30-Nachrichten im Radio gehört hat, auf, lässt seinen Hund in den Garten, geht auf die Toilette, um sich selbst zu entwässern, lässt den Hund wieder rein, um wieder ins Bad zu gehen, sich zu waschen oder zu duschen, zu wiegen (ein bestimmtes Gewicht darf nicht überschritten werden, sonst muss über den Tag gehungert werden) und die Zähne zu putzen. Dann geht er in die Küche, um das Frühstück für seine Frau und sich vorzubereiten und den Cockerspaniel mit seiner halben Scheibe Schwarzbrot mit Leberwurst und seiner halben Herztablette zu versorgen. Während der Tee zieht, eilt er ins Schlafzimmer, kleidet sich an, holt von draußen die Zeitung rein, geht in die Küche und wartet auf seine Holste, dass diese an den Frühstückstisch kommen kann.

Nachdem er seine Scheibe Brot vertilgt hat, seine Frau mit ihrem Frühstück soweit fortgeschritten ist, dass er Wurst- und Käsebehälter abräumen kann, greift er zur örtlichen Tageszeitung und beginnt diese zu lesen. Über die täglichen Wichtigkeiten einer Kleinstadt – Einbrüche, Diebstähle, Verkehrsunfälle, Schützenverein- und Kaninchenzüchtermitteilungen – gelangt er schließlich zu den Schlagzeilen der großen, weiten Welt. Und was muss er dort lesen?! Eine Kapitänin übernimmt das Kommando auf einem Kreuzfahrtriesen. Eine Kapitänin! Kalle kann sich noch erinnern, als es hieß: Frauen an Bord bringen Unglück! Und nun dieses. Das schleichende Matriarchat hat nun auch eine der letzten Bastionen männlicher Vorherrschaft erreicht. Kalle ist erschüttert.

Dabei kommen ihm die vielen kleinen Niederlagen in den Sinn, wo Frauen Männer verdrängen oder aber Einlass in

männliche Domänen errungen haben. Früher, kann er sich erinnern, waren Frauen im Fußballstadion eher Seltenheit. Gehe heute mal ins Stadion ... Und hat der geneigte Leser vor gar nicht langer Zeit schon mal gehört, dass Frauen sich oder Männer prügelten? Nein! Und heute ... Die boxen sogar!
Als Kalle die Zeitung umblättert, fällt ihm fast die Teetasse aus der Hand. Feministinnen haben vorgeschlagen, dass das Wort „Vaterland" gestrichen werden soll. „Heimat" solle man nun sagen. Hätte nur gefehlt, dass Kalle zukünftig das Land seiner Väter „Mutterland" nennen müsste. Man, man, man, wo soll das noch hinführen?

Bevor nun irgendwelche Emanzen Kalle beschimpfen und ihm die Pest an den Hals wünschen, zwinkert er ihnen breit grinsend zu. Kalle ist ein Freund der Frauen, darf das aber nicht zu laut sagen, sonst versteht das seine Frau falsch und er bekommt Ärger mit ihr. Kalle denkt, wenn Männer Frauen Gewalt antun, sollte man denen etwas abschneiden, dass diese nicht mehr in der Lage sind, so etwas zu wiederholen. Eigentlich sollte es selbstverständlich sein, dass Männer ihre Machtposition weder gegen Frauen noch anderen missbrauchen. Kalle ist wirklich für Gleichberechtigung. Auch für gleichen Lohn bei gleicher Arbeit. Und wenn Frauen qualifiziert sind, sollen sie auch Führungspositionen übernehmen, selbst auf einem Kreuzfahrtriesen.
Dann mal: Ahoi!

Unsere Flüsse

von Renate Esselborn

Du sagst, es war der Nil,
es könnte auch der etruskische Arno
oder Vergils gelber Tiber gewesen sein,
der uns im Schilf in eins sah.
Und tauchten wir nicht
in die heiligen Fluten des Ganges,
ertranken dereinst irgendwo
zwischen Euphrat und Tigris in biblischer Flut,
lange nachdem wir dem Untergang
von Atlantis entkommen.
Wir beharren auf keinem der Flüsse,
zu weit entfernt die Länder,
zu zahlreich die Verwandlung,
verschollen längst Erinnerung,
seit wir wohnen an diesem
neuen Ufer der ewigen Wiederkehr.

Wiederkehr nach Irland

von Brigitte Schaefer

Emotionen. Erinnerungen: Diese Gefühle, in ein dickes Paket verschnürt, mit kaum erklärbaren, für Außenstehende weniger nachvollziehbaren Empfindungen, kommen auf, wenn eine, die vier Jahre in Irland, durch berufliche Tätigkeit in deutschen Hotels, verbrachte und erst fünfunddreißig Jahre später in ein verändertes, wie sie selbst ja auch, nach vielen Jahren anderer Erlebnisse, in das gelobte Land zurückkehrt.
Jene, die während der vier Jahre im Co. Kerrv. im jugendlichen Alter dieses Land kennenlernte, es für sich, in ieder Beziehung, eroberte - und dieses schon damals als Glück empfand, Land und Leute in einem bisher unbekannten Land kennenlernen zu können. Zufall, Schicksal? Die erste Hoteltätigkeit in Basel, Schweiz, führte dazu, dass die Schweizer Hotelchefin fragte, wie auch andere ihres Teams, ob jene mit nach Irland kommen würden, da sie das Hotel-Management eines deutschen Unternehmers übernehmen würde.
Voller Neugierde wurde das Angebot angenommen. Es folgte eine wunderbare, unvergessliche Zeit. Trotz jahrelangen Fernbleibens verblieb eine tiefe Verbundenheit zur grünen Insel und wegen bester, schönster Erinnerungen blieb die Zeit in Killarnev im Co. Kerrv. fest verwurzelt und verankert im Herzen. (Die Grafschaft Kerrv ist inzwischen auch bekannt geworden aufgrund der wohlschmeckenden Butter von Milch der Kühe, die fast das ganze Jahr über, aufgrund des Golfstromes, auf saftigen irischen Wiesen weiden können).

Anderweitig berufliche Tätigkeiten sowie private Lebenssituationen ließen eine Wiederkehr zur grünen Insel leider nicht eher zu. Erlebte, gute Zeiten können mal verdrängt werden, aber die Sehnsucht nach Killarnev und dem Süden Irlands blieb bestehen.

Nach inzwischen gut überstandenen, gesundheitlichen Schwierigkeiten entschied sich die „Irland -Begeisterte" zur eigenen Belohnung und Aufforstung des Seelenheils zu einer Irland-Reise, wenn auch ein buntes Knäuel vieler Gedankengänge die Entscheidung sogar belastete.

Wie wird man dieses geschätzte Land nach so vielen Jahren nun wiederfinden? Wird sich große Enttäuschung einstellen? Was wird man wiedererkennen, was und wie vieles wird sich verändert haben? Wird eine gleiche Begeisterung aufkommen können? So arg konnte es ja nicht sein, denn viele, die das Land in den letzten Jahren bereisten, waren immerhin stets voll des Lobes.

Vorsorglich wurde eine Rundreise per Bus ab Dublin gebucht, als „Gemütliches Irland" angeboten, zwei Nächte in Dublin. Eine Nacht in dem Whisky-Städtchen Tullamore. Drei weitere Nächte in Galway, ebenso drei Nächte in Killarnev und noch zwei Nächte in Brav, direkt an der Irischen See gelegen, eine Stunde per Bahn von Dublin entfernt, von dort wieder Rückflug nach Deutschland. Eine Reise, die nicht jeden Tag zum Koffer ein- und auspacken verpflichtete.

Dublin ist eine umfangreiche „Multiculti"- Hauptpstadt geworden, mit dem irischen Charme alter Traditionen in Restaurants. Pubs, bereichert durch die Universität „Trinitv College", ebenso durch bedeutende, berühmte Schriftsteller, wie u.a. James Joyce, George Bernard Shaw. William Butler Yeats, Jonathan Swift, nicht jedem bewusst, durch „Gullivers Reisen" bekannt geworden. Dublin ist ebenso konfrontiert mit der neuen, nicht stillstehenden Welt, die sich in großstadtüblichen modernen Bauten darstellt.

Nur 23 Personen hatten diese Reise ab Dublin gebucht. Wie meistens eine bunt zusammengewürfelte Gesellschaft, die anschließend sehr von der Reiseleitung gelobt wurde, als sehr interessiert, gesellig und, vor allem, angenehm, ohne unangenehme Ausschreitungen.
Ein guter und netter Busfahrer war ein hilfsbereiter Begleiter, sowie eine äußerst einsatzfreudige und kompetente Reiseführerin, die in allen Bereichen bezüglich historischer und landesüblicher Gegebenheiten bewandert war, dazu mit besten, ausgewogenen deutschen Sprachkenntnissen stets bemüht, erfüllbare Wünsche zu ermöglichen. Besser kann man nicht begleitet werden. Glück gehabt. Darum allgemeine Zufriedenheit.
Die Fahrt führte zur ersten Übernachtung nach Tullamore mit Besichtigung der Whiskey-Brauerei, natürlich mit Verköstigung des recht milden, angenehmen Gaumenlabes.

Tags drauf, auf der Weiterfahrt nach Galway, entstanden weitere Eindrücke über die „midlands" des Landes. Von Hecken und Steinen getrennte Weiden, mit Rinder- und Schafherden, aus einzelnen Grundstücken grüßten dunkel- und graufarbige Vierbeiner. Esel, des Iren wertvollstes Lasttier besonders vergangener Zeiten, und immer wieder Pferde schönster Klasse und Statur. Viele Jungtiere entzückten die Gemüter, die, wie in einem Himmelbett, ihr erstes Dasein bei schönstem Maienwetter genießen konnten, denn die Weiden waren umsäumt von teils blühenden, weit ins Land leuchtenden Schlehenbüschen, die so intensiv nicht in der Erinnerung verblieben waren, da im Co. Kerry weniger vorhanden als im Norden.

Der Stechginster blühte knallgelb und erfreute die Augen, aber, wie man gewahr wurde, nicht die der Farmer, die dem

holzigen, überwüchsigem Gestrüpp durch Abbrennen zu Leibe gehen müssen, um die weitere Vegetation zu schützen. Verheerende Waldbrände, durch die diesjährige ungewöhnliche Trockenheit, konnten Mitte Mai mit allen Kräften bekämpft werden. Immense Rauchschwaden wurden nahe Galway Zeugen des Ausmaßes.
Nach den reichhaltigen Viehweiden wurden große Flächen von Hochmooren sichtbar. Aufgrund des Umweltschutzes wird die Torf-Stecherei gesetzlich streng kontrolliert und erlaubt nur noch eine geringe Ausbeute, da Moore einen Großteil von CO2 abbauen können und somit dringend der Schutzmaßnahme bedürfen. Zum Wohle aller in der angeschlagenen Welt.

Erfreulich, nicht erwartet, vielleicht innerlich erhofft: die Zurückgekehrte fühlte sich Land und Leuten gleich wieder verbunden und bemerkte, dass sich das Landschaftsbild, zuerst zumindest bis Galway, nicht wesentlich verändert hatte. Viele neue und schöne, der Landschaft angepasste Häuser zeugen von mehr Wohlstand als zu „Nicht-Europa“-Zeiten, die Wirtschafts-Krise konnten sie überbrücken, nun verursacht allerdings der *Brexit* für nachvollziehbare, große Bedenken. Es gab nicht mehr gar so viele verlassene Bauernhäuser. Auswanderungsruinen, wenn auch noch vereinzelt, die die totale Armut einstiger Zeit dokumentieren.

Dem ersten Empfinden nach hatte sich die Umwelt allgemein verbessert, und, wie erleichternd, ohne das gewohnt imponierende Landschaftsbild zu stören.
Die Häuser der kleinen Ortschaften leuchteten weiter bunt in den Tag hinein, deren Straßen nach wie vor eng und für einen Busfahrer nicht leicht zu durchfahren. Sonst waren die Straßen im Land längst verbessert, wenn auch hier und da die welligen Bereiche vermuten ließen, dass der Bus aufsetzte

und sich im Kreuz fühlbar die wellenartigen Dellen bemerkbar machten. Aber dann ging es wieder geschmeidig weiter, soweit es die Kurven in ländlichen Bereichen zuließen.

Wer vor der „Europe“-Zugehörigkeit Irlands im Lande weilte, dem fällt auf, dass überall Aldi und Lidle-Läden wie Pilze aus dem Boden geschossen sind, das globale Geschehen hat das Land längst eingeholt. Wohl nicht immer zum Wohle der Wirtschaft, da, menschlich, die preiswerteren Angebote angenommen werden und einheimische Produkte, man glaubt es nicht, wie Kartoffeln, dem Wettbewerb kaum standhalten können.

Es folgten drei Tage in Galway und Umgebung. Der Bridget's Garden war für mehrere Mit-Namens-trägerinnen von Bedeutung, wenn diese auch weniger heilig sind als die in Irland hoch verehrte „Holy Bridget“.
Die Sehenswürdigkeiten des Bereiches Connemara, die Fährfahrt zu den Aran Islands und der Aufenthalt dort beeindruckte u.a. durch keltische Stätten, die über beschwerliche steinige Wege zu erreichen waren. Ein grenzwertiges Unternehmen für ein vor 6 Monaten erstandenes neues Hüftimplantat, ein himmlischer Dankesgruß wurde dem Chirurgen gen Frankenland gesandt. Aber immerhin geschafft - so oder so! Co. Claire am nächsten Tag: die mondähnliche, weite Landschaft des Brandon Nationalparks. Besuch weiterer keltischen Kultstätten waren ebenso beeindruckend und erstaunten besonders Erstmals-Irlandreisende. Dieses Land erscheint unglaublich weit und kann mit der Größe Niedersachsens verglichen werden. Die Umrisse der Landesgrenze zeichnen sich so ab, als sei Irland ein sitzender Bär. Viele Plüschtiere dieser Gattung locken die Touristen in die Shops, wo auch Herden von Wollschafen aus den Regalen winken.

Erstaunliche iedoch für die Rückkehrende: Von Anfang an fühlte sie sich dem Land und seinen weiterhin so freundlichen Iren verbunden. Eine Welle überschwänglicher Emotionen erfüllte das Seelenheil und das Bedürfnis, Einheimischen dieses Glücksgefühl zu vermitteln, wurde immer positiv und erfreut erwidert. Von Tag zu Tag wurde der einheimische Dialekt wieder vertrauter und mischte sich in schon verdrängte Sprachgewohnheiten ein. Es machte einfach Freude, verbindende Gespräche zu führen und sogar den „broke“ (Dialekt) verstehen zu können, wodurch die Kommunikation zu netten Begegnungen führte. So wurde jede Möglichkeit der Begegnung genutzt, wenn sich auch hin und wieder sprachliche Holpersteine einmischten und sich freudige. „Freudsche Versprecher“ einnisteten. So what! Die Erkenntnis, dass die Iren nach wie vor besonders freundlich und Fremden gegenüber auffallend höflich sind (das fiel „newcomern“ schon in Dublin auf), war wohltuend erfreulich.

Aufgefrischte Eindrücke, die in den Tagen vor dem „Hightlight Killarnev“ entstanden, waren aufbauend und bedeutungsvoll, um emotional gewappnet zu sein für vertraute Regionen. Noch trennten einige hundert Kilometer die Ankunft in Killarnev, Co. Kerrv. Das Wiedersehen wurde dann besonders bewusst, als sich der Bus der Kleinstadt Trallee näherte. In der Ferne waren oft besuchte Strände in der Dingle-Bucht erkennbar. Obwohl überzeugt, stark genug für das Wiedersehen gewappnet zu sein, wenn bekannte Regionen erkennbar wurden, wenn sich die Berggruppe der Macgillicuddv's Reeks mit dem höchsten Berg Irlands, dem Carrauntoohil im Blickwinkel auftat und Killarnev immer näher rückte, so war die innere Aufregung kaum zu bändigen. Das Nervenknäuel sprang hin und her. Die Reiseführerin sprach von dem deutschen Industriellen Hans Liebherr, dessen Name unvergessen bleibt in Killarnev. Eine Straße wurde nach ihm benannt. Er baute zuerst eine Kranfabrik, anschließend zwei Hotels und hat somit vielen Menschen ermöglicht, im Lande zu bleiben. Als die Tourleiterin dann aber erwähnte, dass jemand im Bus anwesend sei, auch noch den Namen nannte, die früher in diesen Hotels jahrelang gearbeitet hatte und voller Wiedersehensfreude nach langer Zeit zurückkehrte, da war es vorbei mit der erzwungenen Zurückhaltung. Das fast elektrisch geladene Seelen-Knäuel löste sich auf in einen Tränenschwall, die ganze Gefühlswelt geriet für einen Moment durcheinander. Happy tears, Freudentränen, für die sich niemand schämen muss.

Das Castlerosse Hotel, 5 Meilen von Killarnev entfernt, von früher gut bekannt, in schönster Lage am See, am Golfplatz gelegen, mit dem Blick auf das vertraute Bergpanorama, ganz in der Nähe der einstigen Wirkungsstätte „Hotel Europe“ am See, war für die nächsten 3 Tage Aufenthaltsort der Reisegruppe.
Ein schönes Zimmer mit Ausblick zum Teil des Sees und auf die Macgillvcuddv's-Reeks, vermittelten ein „Welcome back“, das nachts sogar zweimal durch einen Herrn bestätigt wurde: Herr Vollmond leuchtete über dem Upper Lake - der Mond schien hell in das Zimmer hinein, küsste die Schlafende mit seinem Schein wach, auch in der folgenden Nacht - ein persönliches Glücksgefühl bestärkte das Empfinden. Es war, als ob die sich im Nachtdienst befindenden Leprechauns (kleine, irische Wichtel) bis in das Zimmer hineingewagt hätten und wisperten: Come back again, come back! Dieser Wunsch wird sich erfüllen, wenn der Gesundheitsengel seine Flügel ausstreckt und die wiedergewonnenen Stärken erhält. Denn drei Tage an einem Ort, an dem man sich viele Jahre wie zu Hause fühlte, sind nicht ausreichend, weder genug, um, wenn möglich, Erinnerungen aufzufrischen.

Es war eine Erkundungs- und Schnupperreise, um herauszufinden, ob man einem geliebten Land nach so langer Zeit noch das abgewinnen kann, was in der Erlebniskiste verborgen blieb ... Es war eine glückliche Wiederkehr!
Die bisherigen Tage waren - wie man in Irland benannt, von einer „Heat-Wave“ (Hitzewelle) begleitet. Das bei nur 18 - 19 Grad! Nun ja, es war angenehm, der Schirm blieb im Koffer, nur in Killarney regnete es. Das waren doch wohl keine Freudentränen wegen der Rückkehr einer Abtrünnigen!? Es musste ja einmal regnen - und der Gang durch's Städtchen wurde dadurch nicht getrübt. Der Kern des Ortes war zu erkennen, natürlich viele, neue Geschäfte, das immense Vorkommen von Gift-Shops, überall erkennbar, war fast belastend, erschreckend, verführte natürlich zum Stöbern und wurde doch wahrgenommen. Touristen!
Weitere Lokalitäten oder historische, gleichbleibende Monumente zu beschreiben, ist nicht der Sinn dieser Niederschrift, das gibt jede Reiselektüre kund.

Alte Kontakte? Ja, da gab es noch Menschen, die sich erinnerten und, leider aufgrund der Kürze des Aufenthaltes, kam ein Wiedersehen nicht zustande. Irland winkt ja, nebst Aufforderung der Leprechauns zum Wiederkommen. Einige waren erstaunt, dass Namen längst Verstorbener noch im Gedächtnis weilten. Wege, einst mit dem eigenen Auto zigfach befahren, schienen gar nicht sehr verändert zu sein. Das beflügelte das Vorhaben, mit einem Mietwagen das wiedergewonnene Land nochmals zu erkunden und dem Linksverkehr gewappnet zu sein, allerdings sicher nur in der Kerrv-Gegend. Dublin, wie in früherer Zeit, mutig und unternehmenslustig zu durchfahren, mit der Fähre nach Wales, linkerhand durch England bis Dover, von dort per Fähre bis Ostende, zum Urlaub nach Göttingen, wäre heutzutage nicht mehr erstrebenswert.

Der allgemein bewunderte „Ring of Kerrv“ war im Reiseverlauf am letzten Tag eingeplant. Immer wieder riefen oftmals durchfahrende Ortschaften, Rastplätze Erinnerungen wach, kaum zu glauben, dass es so lange her war. Auffallend, die schon damals angefangene Fichtenbepflanzung, die bereits kleine Wälder verzeichneten. Die verursachte Abholzung der Engländer richtete viel Schaden an, erfreulich, dass hier ein großartiger Erfolg festzustellen war.

Dagegen sind die von England eingeführten, wild wachsenden Rhododendren in den Laubwäldern inzwischen eine Plage geworden und müssen intensiv entsorgt werden, weil die Pflanzen den Bäumen die für sie notwendigen Substanzen entziehen. Die von uns gehüteten Gewächse sind das „Unkraut“. Allerdings handelt es sich um den lila-farbenen Wildwuchs. Die hochwüchsigen, vielfarbenen Rhododendren und bunten Azaleenbüsche im Muckross-Park, Killarnev, werden dagegen allerdings dem Besucher in einem ungewöhnlichen Blütenmeer und einer atemberaubenden Pracht dargeboten. Ein Augenschmaus, wer es erblicken kann.
Angrenzend an das Areal entstand erst vor 10 Jahren der Nachbau einiger alter Farmhäuser. Wenn man selbst erlebte, wie bescheiden noch die Menschen in den 60er Jahren in diesen Häusern lebten, wie arm Land und Leute damals waren, wird diese Nachbildung als echt und vorbildlich dargeboten empfinden. Wieder eine positive Feststellung, die der ganze Aufenthalt wiederspiegelte.

Es war überwältigend, das Europe Hotel wieder betreten zu können. Vergleiche waren kaum möglich, der einzigartige Standort am See wurde durch großzügige Gartenanlagen bereichert, auch die Pracht der Pflanzen vor dem Haupteingang zeugt von viel Geschmack. Das Haus selber war innen natürlich total verändert, beeindruckend luxuriös, aber anhei-

melnd gemütlich.
Aber das ehemalige Fenster des Personalzimmers in der zweiten Etage, links vom Portal, war zu erkennen, unter dem der eigene Wagen damals seinen Platz hatte.
Nette Gespräche mit Jetzt-Angestellten, interessiert an manchem, was sich damals so tat. Eine Mappe, um erzählenswerte Erinnerungen darin zu vermerken, wurde, als Geschenk, mit auf den Heimweg gegeben. Der netten, zugleich diplomatischen Geste wird Folge geleistet.

Es liegt wohl an jedem Einzelnen, über ein Vorhaben nicht enttäuscht zu sein, das Bauchgefühl, wenn auch anfangs im Knäuel verstrickt, führte zu einem positiven Ergebnis. Das Dunloe Castle Hotel, zweite, weitere Arbeitsstätte, war leider geschlossen, wird renoviert und wohl erst in zwei Jahren wieder geöffnet. Ein wunderbares Hotel in idyllischer Lage nahe des Gap of Dunloe. Es neu zu erleben, wäre nochmals ein Wunschtraum. Wer weiß ...

Ein kurzer Aufenthalt am letzten Abend im Kate Kearney's Cottage, wo es den besten Irish Coffey gab - und noch gibt, dem Tor zum Gap of Dunloe. Eine Taxifahrt zu den Aghadoe Heights, um den zauberhaften Blick auf das ganze Panorama zu genießen, mehr gab die begrenzte Zeit nicht her.

Mit nun einem Lächeln, keinen Abschiedstränen, wurde Killarney verabschiedet, bewusst an die Leprechauns denkend, die im Schein des Vollmondes „come back - came back“ flüsterten.

Also: „Auf Wiedersehen Killarney im Co. Kerry.“

Der Abschluss der Reise war in Bray, einem bekannten Bade-Ort, der allerdings mal bessere Zeiten erlebt hat.

Zauberhaft gelegen an der Irischen See, doch die Unterkunft entsprach nicht gerade dem verheißungsvollen Foto im Prospekt ... Das erzeugte Unmut und Ärger, auch für die Reiseleiterin, die bemüht war, das Dilemma für einige der Betroffenen zu lösen, aber leider vom Hotel-Management nicht entsprechend wahrgenommen wurde. Schimmel im Hotelzimmer ist nicht zumutbar, das Haus schien dennoch ausgebucht. Schade.
Die einstündige Bahnfahrt nach Dublin und eine letzte interessante Führung der Gruppe mit der Reiseleiterin durch Dublin, beruhigte die Gemüter. Nach Rückbegleitung zum Hotel in Brav ein herzliches Abschiednehmen von der netten, professionellen Begleiterin. Ein mit der Gruppe gemeinsames Abendessen stand nicht mehr im Programm, hier trennten sich die Wege ... Die Rückflüge gingen in verschiedene Richtungen zu verschiedenen Zeiten.

Das erste Guinness am ersten Abend in Dublin konnte noch nicht einen guten Reiseverlauf voraussagen, nur hoffen lassen. Das letzte Guinness in Brav war mit etwas Wehmut gefüllt, aber auch mit dem überwiegenden glücklichen Empfinden „Irland wieder erobert zu haben“, was niemand streitig machen kann. Ein kleines steinernes Herz, gefunden auf dem Golfplatzweg in Killarnev, und ein Penny-Stück mit der irischen Harfe sind nun individuell wertvolle Begleiter im Portemonnaie.

Die Iren - nachahmend auch viele Fremde - küssen den Blarnev-Stone, des Blarnev Castle nahe Cork. Es soll u.a. Freundlichkeit und Redseligkeit bewahren. Es scheint Generationen kommen dieser Tradition noch immer nach, denn die allerbeste Bestätigung reiste mit **zurück** nach Deutschland. Die Iren haben, trotz vieler „Steinschläge“, ihr freundliches, hilfsbereites, heiteres Wesen bewahrt. Mögen die

Leprechauns diese Charaktereigenschaft bewachen, möge St. Patrick sie auf diesem Wege weiter begleiten und St. Bridget ihren Segen über sie ausbreiten,

Irland war diese Reise wert!

Drei Arten der Abwesenheit
von Renate Esselborn

1
Die Brücken von Paris solo begangen
und Buddhastatuenwälder im Guimet besehn.
Gedankenstillstand, nur die Bilder wandern.
Mit Reclams Seneca im Café an der Seine.
Gleichmut geübt in Lärm und Hast,
so ist es eben, Rive gauche, Clochards
und Crepes au Grand Manier
und leises Heimweh allerwegen
weil du mir allerorten, allerenden fehlst.

2
Du kommst nicht mehr,
umstellt ist mein Tag von Büchern,
die Nacht von Träumen erregt.
Allein das Ende kann ich neuerdings
klarer erkennen, die Mahnung
ans Zugemessene, Glockenschlag,
Erdzeit. Du kommst nicht mehr,
schönnasig, schmallippiger,
findiger Märchenerzähler.
Jüngst sah ich sie,
die Melancholie deiner Augen,
aus einem uralten Fresko
blickten sie auf mich herab.

3
Alleingelassen,
wer ist das nicht,
wer hat sich nicht
schon selbst verlassen,

verlaufen in Labyrinthen
des Eigensinnes,
in Kerkern der Angst
und Kerkern der Wut –
und hockt dann da
im Schatten seines Kummerbaums
zu Füßen eines Telefons,
das nur noch klingelt,
wenn er nicht zuhause ist.

Autorenporträts

Anita Angheloiu, geb. 1971 in Ostercappeln, nach Fachhochschulreife als Erzieherin tätig, Lektoratstätigkeit in der ev. luth. Kirche, schreibt seit ihrer Schulzeit Lyrik und Prosa.

Renate Blume, geb. 1940 in Halle/Saale, wohnt in Wiesbaden, verfasst seit vielen Jahren zu privaten Anlässen Gedichte; ihre Hobbies sind das Wandern, Singen im Chor und Lesen.

Eva-Marie Brodheim-Egbuna, geb. 1943 in Hamburg, Ing.grad und Ing.Dipl., bis 1985 als Architektin in Nigeria gearbeitet, mehrere Veröffentlichungen und Fernseh- und Radiosendungen, Malerei.

Tanja Brüning, geb. Moll, geb. 1965 in Bochum, gelernte Floristin, z.Zt. Hausfrau und Mutter von zwei Kindern, schreibt Kurzgeschichten und Lyrik, diverse Veröffentlichungen im EPLA-Verlag.

Udo Dickenberger, geb. im oberhessischen Ilbenstadt, philosophische u. naturwissenschaftliche Studien, Aufsätze u. Geschichten in gelehrten Jahrbüchern, Bücher z. Poesie v. sepulkralen u. satirischen Grabinschriften.

Dr. Marisa Donetti, geb. 1972 in Desana (Vercelli)/Italien, promov. In Fremdsprachen, angestellt in einer Schule in Varallo/Italien, schreibt Kurzgeschichten und Gedichte.

Erika Dreßler, geb. 1945 in Sebnitz-Schönbach, lebt in Neustadt; verfasst Spruchkarten, Spruchbilder; zahlreiche Ausstellungen und Lesungen; mehrere Veröffentlichungen, Broschüren.

Renate Düpmann, geb. 1953, aufgewachsen in der Lüneburger Heide, lebt an der hessischen Bergstraße, viele Jahre als Kunsterzieherin im Schuldienst, schreibt Lyrik, div. Veröffentl. in Anthologien.

Dieter Esselborn, geb. 1939 in Ludwigshafen/Rh., lebt in Sande/Friesland, schreibt Kurzgeschichten, liebt sprachliche Eulenspiegeleien.

Renate Esselborn, geb. 1944, lebt in Sande/Friesland, Sekretärin, jetzt Rentnerin, veröffentlichte seit ca. 1979, Gedichte in Zeitschriften und Anthologien, ein Gedichtband und ein Kurzroman.

Annette Glanzer-Fischer, Magistra, geb. in Villach/Österreich, arbeitet seit Abschluss ihres Germanistik- und Anglistikstudiums am Abendgymnasium Wien, leidenschaftliche Malerein und Poetin.

Dr. Ines Graudenz, Diplom Psychologin, Gesprächstherapeutin, langjährige wissenschaftliche Mitarbeit in einem Forschungsinstitut, zahlreiche Veröffentlichungen im Bereich Pädagogische Psychologie.

Dietrich Wilhelm Grobe, geb. 1931 in Duisburg-Meiderich, lebt in Göttingen, Dipl.-Bibliothekar, Veröffentlichungen in Anthologien u. Fachzeitschriften; Beiträge in Rundfunk und Fernsehen.

Cornelia Gutzeit, geb. 1959 in Flensburg, Industriekauffrau und ehemalige BW-Angestellte, heute freiberufliche Autorin, schreibt seit 1994 Lyrik, Aphorismen, Prosa und Sachtexte, div. Veröffentl.

Gunda Haeber, geb. 1927 in Breslau, wohnt in Celle, Reisebürokauffrau, seit 1988 Mitglied der Schreibwerkstatt der VHS Celle, 1995 3. Preis im Schreibwettbewerb der FDA Hessen, Veröff. in Anthologien.

Bruna Häcker, geb. 1948, das Schreiben von Geschichten für Kinder und Erwachsene ist ihre Leidenschaft, diverse Veröffentlichungen in Anthologien, Kinderbuch „Der kleine Gerson“ erschien im Mai 2014.

Torsten Krippner, geb. 1968 in Köthen, lebt in Nauen, studierte an der Martin Luther Universität Geschichte und Germanistik, Staatsexamen 1996, Redakteur, pädagogischer Mitarbeiter im Internat.

Brigitte Lehmann, geb. 1935, lebt in Jüterbog, studierte Staats- u. Rechtswissenschaft u. Ökonomie, war tätig im Landesamt Potsdam für Datenverarbeitung und Statistik; schreibt autobiografische KGs

Evelyn Lenz, geb 1953 in Berlin, studierte Germanistik u. Skandinavistik, Mitglied der Literaturgruppe Tempelhof, hat 1 Roman und 1 Sachbuch, sowie diverse Gedichte und Prosa geschrieben.

Julia Janina Pace, geb. 1998, sie studiert derzeit Germanistik und Philosophie, in ihrer Freizeit schreibt sie Kurzgeschichten und arbeitet an ihren Comics.

Maria Edith Ropeter, geb. 1935 in Leipzig, lebt in Göttingen, schreibt Prosa, Gedichte und Reiseerzählungen, Veröffentlichung in Anthologien, Mitglied des Literaturkreises Geismar, 2 Bücher.

Brigitte Schaefer, geb. in der Nachkriegszeit, lebt in Göttingen, als Hotelfachfrau tätig in verschiedenen Ländern, Zahlmeisterin zur See, Hobby-Schreiberin von Gedichten und Prosa, div. Veröffentlich.

Anita Schmuck-López, geb. 1962 in Rottweil, Autorin von Lyrik, Kurzprosa und Kunstessays, zahlreiche Veröffentlichungen in Anthologien, Literaturpreisträgerin, Mitglied des Scgriftstellervereins Wien.

Dr. phil. Werner Seibel, geb. 1946, wohnt in Gudensberg, freier Schriftsteller und Musiker, zahlreiche Veröffentlichungen in Anthologien, einige Lyrikbücher, Lyrikpreis Silberne Feder der IgdA

Sieglinde Seiler, geb. 1950 in Wolframs-Eschenbach, Dipl.-Verwaltungswirt (FH), Veröffentlichungen in verschiedenen Anthologien und 207 Gedichte im Internet unter www.feiertagsgedichte.de.

Gerburg Tsekouras, geb. 1944, lebt in Athen, Studium der Theologie, Anglistik und Germanistik, Ausbildung als Musikerin, lange Jahre im Kirchen- und Schuldienst, eigenes Sprachinstitut, Musiklehrerin.

Margrit Wagner, geb. 1941 in Potsdam, war tätig als Diplomwirtschaftlerin und nach der „Wende" als Sozialberaterin, sie schreibt Kurzgeschichten über zwischenmenschliche Beziehungen.

Arno Werth, geb. 1948 in Delmenhorst, lebt als Autor in der Nähe von Bremen, schreibt Romane, Kurzgeschichten und Lyrik, diverse Veröffentlichungen und Radiosendungen, Roman „LEMI".

Wolfgang A. Windecker, geb. 1949 in Frankfurt/M., lebt in Alfeld/Leine als Diplom-Handelslehrer, er hat 3 Romane, 2 Gedichtbände und 2 Erzählbände veröffentlicht, Teilnahme an über 90 Anthologien.

EPLA-Verlag

Am Teich 9
27777 Ganderkesee
tel.: 04221/850143
E-Mail: EPLA.Plachetka@t-online.de
www.epla-verlag.de

Internet-Buchladen:

www.epla-verlags-buchladen.de